働く人のための超速勉強法

時間もお金もまったくかけずに
難関試験を突破する
66の革新的テクニック

弁護士・米国公認会計士
佐藤孝幸

大和書房

はじめに

皆さん、こんにちは。佐藤孝幸です。今は、主に弁護士として働いています。

主に、というのは、すでに米国公認会計士、公認内部監査人、公認金融監査人などの資格を取得し、現在もまたさらに新しい資格に挑戦中だからです。

私が取得した資格は、一般的にいえば司法試験をはじめとして合格率数パーセントの難関試験ばかりです。学生時代からのガリ勉タイプか、資格マニアの超ヒマ人と思われるかもしれませんが、実はまったく逆です。

私は、大学卒業後に就職した会社で、資格の取得を思い立ちました。入社1年目にしてリストラの危機を感じたからです。

当時はちょうどバブル崩壊の時期と重なる不運な時代。社会人になったばかりの私にとっては、先輩社員が次々にいなくなっていく、もしかして次は自分かも……と考える毎日は、恐怖以外の何ものでもありませんでした。

そこで、ない知恵を絞って出てきたのが、「資格の取得」です。

専門的な知識を身に付ければ、時代がどう変わっていこうが、食いっぱぐれることはないだろうと考えたのです。

問題は、ここからでした。

第一に、何の資格を目指すのか、具体的にはまったく何も決めていませんでした。恥ずかしいくらいノープラン、ノーアイデアからのスタートです。

第二に、資格、つまり実学に関しての勉強はまったく経験がありませんでした。大学生時代はむしろ、資格取得の勉強をしている仲間たちを軽蔑さえしていました。今思えば、彼らは早い段階で正しい選択をしていたわけですが。

第三に、仕事をしながら合格を目指すしかありませんでした。社会人になって間もない時期でしたから、貯金はありません。親にも頼れません。要するに、働いて自分の収入は確保しつつ、何とか時間を捻出して勉強するしかない状況だということです。

ところが、このないない尽くしのおかげで、私は誰よりも「短期間」で「効率的」に勉強する方法を身に付けることができました。

その結果、「ほとんど独学」で、しかも会社員として「働きながら」「一回の受験で」資格試験に次々と合格することができたのです。

それが、今回皆さんにぜひお伝えしたいと思った「働く人のための超速勉強法」です。

私が最初に決めたのは、

◎短期間で……「2年以内に」
◎低コストで……「独学で」
◎確実に結果を出す……「合格する」

の3点です。

2年以内を目標としたのは、自分の性格が飽きっぽいと分かっていたから。そして、独学でというのは、資格取得のための予備校に通う金銭的余裕がなかったからです。どちらも自慢できることではありませんが、だからこそリアルに勉強をしなければならない人にとっては共感していただけると思います。

この本は、以下の4つの章で構成しました。

「第1章　常識破りの超効率勉強法」では、試験に合格するためだけの効率的な勉強法をまとめました。

いくら知識があっても、高価な参考書を購入しても、きれいなノートを作っても、試験に合格しない限りはまったく意味がありません。ここで紹介した勉強法は、合格をもぎ取るためには極めて効率的かつ効果的な方法だと自負しています。

「第2章　働きながら勉強するための時間管理術」では、仕事をしながら勉強するための「時間の使い方」を紹介します。

時間がないことは、勉強する上ではマイナス要因に思われがちです。でも、私は時間がないからこそ、効率的で身になる勉強法を実践することができたと思います。また、会社で働いている経験は、試験を受けるにはとても大きなアドバンテージだとも思っています。働いていることの何がメリットで、どこを改善したらいいのか、具体的にお話しします。

「第3章　目標達成までやる気が続くモチベーション管理術」では、メンタルについて取り上げました。

私が勉強すると決めた2年間、いちばん大事だと思ったのが「必ず合格する」という強い意志をいかに維持するか、諦めない強い心を持てるかということでした。私の経験も踏まえた内容になっています。

「第4章　資格を取る理由と資格の選び方」では、私が資格について考え始めてから現在までの経験を基に、失敗しない資格選びについて紹介します。ポイントは、今の社会的状況、今の気分だけで決めないということです。

さまざまな資格試験がありますが、この本では比較的難関とされるものを視野に入れています。あくまで一例ですが、資格試験の概要をチェックしておきましょう。

●税理士

税金のスペシャリスト。税務書類の作成、申告代理、相談業務は税理士の独占業務であり、最近では経営や資産に関する経営コンサルタントとしての活躍も期待されている。

●公認会計士

年齢・学歴・経歴など受験資格は一切問わないが、難易度は非常に高い。筆記試験に合格後、現場経験を2年以上＋修了考査に合格して初めて公認会計士として登録できる。「監査業務」ができるのは、公認会計士だけの特権。

●弁理士

知的権利を守るため、依頼者に代わって特許権取得の手続き一切を取り扱う。主な就職先は特許事務所や法律事務所だが、開業率も高い。国内だけでなく、世界の知的財産権についての手続きも扱う。

●社会保険労務士

労働基準法、最低賃金法、確定拠出年金法、介護保険法など社労士が扱う法律は50以上。比較的短期間で取得できるのと、働き方が選べる（独立開業・企業内社労士・社労士法人）ため社会人からの転職も多い。

●中小企業診断士

中小企業に特化した経営コンサルタント。中小企業支援法に基づき、経営診断、財務管理等のマネジメントが主な業務。中小企業診断協会によるサポート体制がしっかりしているので、資格取得後の就職、開業も安心できる。

●宅地建物取引士（宅建士）

日本の主要企業の中で、特に取得が奨励されている資格の一つ。宅建士にしかできない「独占業務」があり、宅建業者（不動産業者）の事務所ごとに、従業員5人に1人以上の割合で専任の宅建士を設置することが法律で義務付けられている。

●不動産鑑定士

主な仕事は、独占業務の「不動産鑑定評価業務」と、土地の有効活用などを提案する「コンサルティング業務」の二つ。土地や不動産そのものは扱わないので、好不況に影響されない。近年は海外の不動産を扱うなどグローバルに活躍する鑑定士も多い。

●行政書士

「書類作成業務」「許認可申請の代理」「相談業務」が主な業務。扱う分野が多岐にわたるため、独立する場合は自分の専門をどこに置くかが成功のカギとなる。

●司法書士

登記、裁判事務から債務整理までを扱う身近な法律アドバイザー。不動産や会社の登記だけではなく、企業法務、裁判業務、債務整理など活躍の場が広がっている。特に注目されているのが「成年後見業務」で、超高齢化社会を迎えた今、さらに成長が見込まれている。

●司法試験

司法試験は、弁護士や裁判官、検察官になろうとする人のための国家試験。法科大学院の修了者および２０１１年に開始された司法試験予備試験合格者が対象となる。予備試験は受験資格に制限がなく、年齢学歴を問わず誰でも受験可能。

●ファイナンシャルプランナー（ＦＰ）

不動産、教育、老後など将来の人生設計に即した資金計画をアドバイスする。ＦＰの資格は、国家資格である「ＦＰ技能士（３級・２級・１級）」と、日本ＦＰ協会主催の民間資格「ＡＦＰ」「ＣＦＰ®」があるので、目的やレベルに応じて資格を選びたい。

●公務員試験

公務員の中でも日本の将来を背負う仕事が、官僚、キャリアといわれる国家総合職。

平成24年から国家公務員採用試験の見直しがあり、社会人や民間企業の実務経験者にも門戸を広げている。

●簿記

主に簿記3級では個人商店を、2級では株式会社の会計処理を、1級では大企業の会計を扱うため、まずは2級取得を目標とする人が多い。簿記の資格があると、公認会計士、税理士、中小企業診断士、FPなど他の資格の取得も有利となるため、資格の第一歩としてもお勧め。

●TOEIC

7割の企業が採用時にスコアをチェック。また、入社後もTOEICの受験を奨励している会社が多く、点数によって報奨金があったり海外留学の対象になることもある。履歴書には、2年以内のスコアを書くのが一般的。

以上のように、キャリアアップや収入アップにつながる資格は多くあります。一見難しそうに思える資格でも、本書の勉強法を使えば、短期間で合格できるものと確信しています。

なお、この本で取り上げる勉強法は、国家試験の合格に限定したものではありません。社内の昇進試験や各種検定試験など、必ず結果を出したいと思っている方にも役に立つものばかりです。

ただ真面目に勉強するだけでは、資格試験の合格は望めないでしょう。合格するには、合格するための効率的な「勉強法」があるからです。

この本が、働きながら勉強する、資格取得を目指す皆さんにとって、少しでも参考になれば幸いです。

働く人のための
超速勉強法
目次

CONTENTS

CONTENTS

第2章

働きながら勉強するための 時間管理術

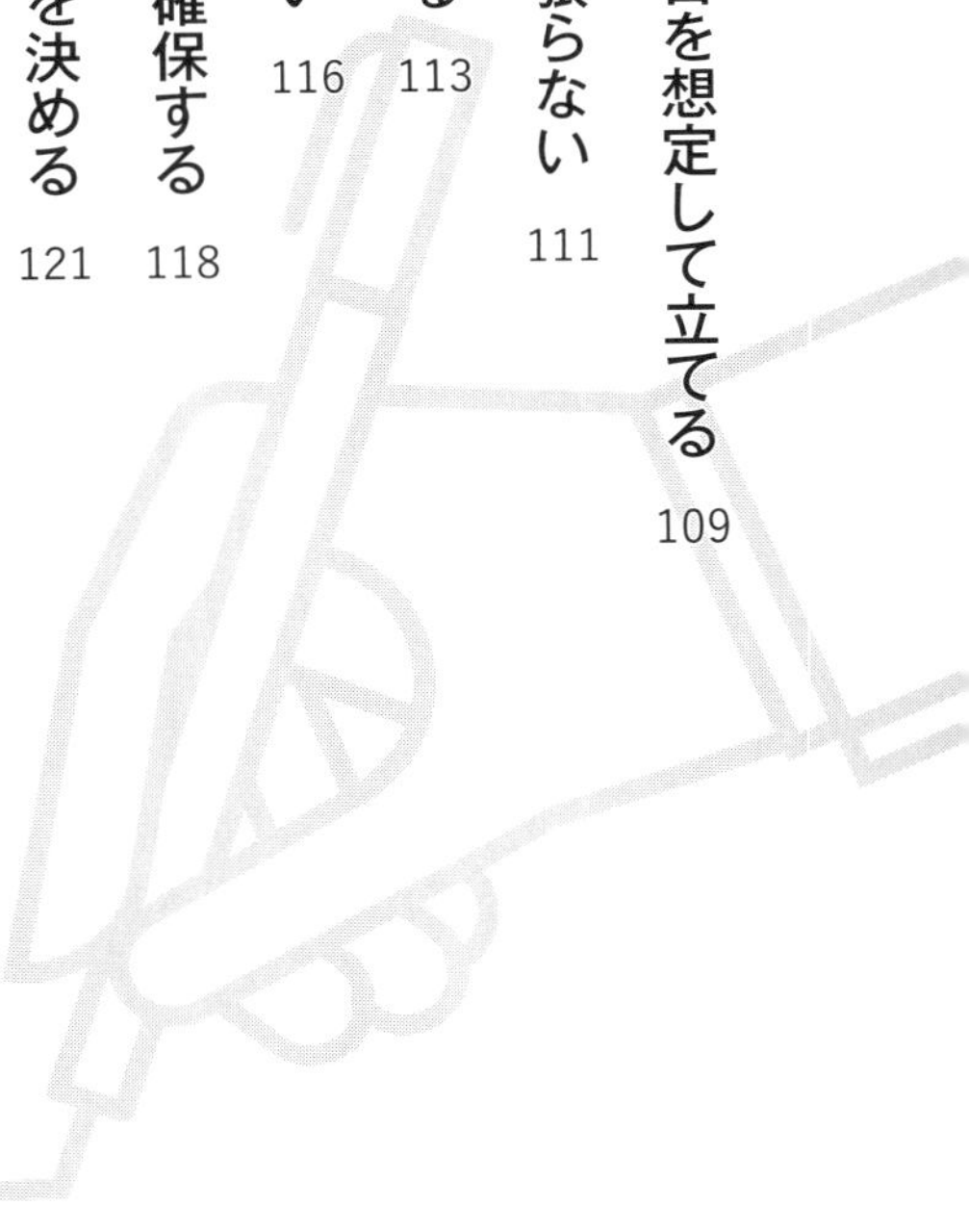

CONTENTS

CONTENTS

第4章

資格を取る理由と資格の選び方

第1章
常識破りの超効率勉強法

01

目標は「合格」ラインの少し上。100点は要らない

真面目に勉強していても「合格」には直結しない

勉強を始める前に、心に留めておいてほしいことがあります。資格取得のための勉強は「合格する」のが目的であり、「100点は目指さない」ことです。

私は以前、資格取得のための予備校で非常勤講師をしていました。そのとき、いつまで経っても合格しない受講生を何人も見てきました。彼らが学校に来なかったり、授業態度がいい加減だったなら仕方がありません。

ところが、真面目に勉強しているのに合格しないのです。原因は勉強が足りないだけです。つまり、「要領が悪い」。

例えば、講師がホワイトボードに書いたことは、一字一句そのままノートに書き写します。テキストを開いて「ここは重要です」と言った箇所には、定規で線を引きます。使っているペンは多色使いで、どのページもカラフルな線でいっぱいです。

資格試験の場合、「合格するための勉強法」がある

資格試験は、これから実務家になる人が実際にやっていけるかどうかを見極める入門試験です。理論や学説についての知識が問われるものではありません。現実に起こる問題を解決するための実務的素養が試されるのです。きれいなテキストやノート作りは何の加点にもなりません。彼らはムダな作業に膨大な時間を割いているのです。

私は基本的にノートは取りません（63ページ参照）。資格試験の勉強でも、講師の話に出てきたポイントは、その場で覚えてしまうよう努力しました。どうしても覚えられないと思ったところだけ、要点のみをメモして何度も見直し、あとはひたすら過去問に取り組みました。

働きながら短期間で合格すると決めていたので、効率的な勉強を目指した結果がこの「合格するための勉強法」です。

次のページから、資格試験の勉強についての効率的な方法をご紹介します。私が実際にやって効果があったものばかりです。繰り返しますが、資格試験では100点満点を取る必要はありません。最小の手間で最大の目的＝「合格」を勝ち取ってください。

02

勉強のために場所や道具を選ばない

どこにいてもどんな環境でも、勉強に集中する

もしあなたが、「勉強するなら静かな環境がいい、その方が集中できる」と思っているなら、すぐにその考えを捨ててください。

学生時代の勉強ならばそれもいいと思います。しかし、大人になってからの勉強では「場所」や周囲の「環境」を気にする余裕はありません。「どこでも勉強できる」「どんな環境でも集中できる」人になるべきです。

私は喫茶店やレストラン、電車の中に限らず、賑やかな音楽が流れていたり、話し声があちこちでしていたりする環境の中でも、たいてい勉強できます。

集中できるできないの問題ではなく、ここで勉強すると決めたからやる。それを貫

いているうちに、周囲を気にせず勉強できるようになりました。今では少しざわざわしていた方がかえって集中できるほどです。

もちろん、図書館などは理想的な環境です。近所にあれば、たまに利用するのもいいでしょう。でも、わざわざ出かけていくのは時間がもったいないと思うのです。

本番の試験でも、隣の人のペンの音、外を走るクルマの音、エアコンの運転音など気になることがあります。日頃から、どんな環境の下でも勉強に集中できる能力を磨いておいた方が合格にも近いといえます。

ペンもノートも何でもいい

同じように、「このペンがないと勉強できない」「このノートに決めている」と道具に凝りすぎるのもどうかと思います。趣味としてならいいと思いますが、「ないと勉強できない」「気分が乗らない」と、勉強しない口実を作る結果にしかならないからです。

赤と黒のボールペンと蛍光マーカーが1本あれば十分でしょう。重要項目が見やすいからと色を多用するのは、かえってポイントがぼやけるだけです。

03

資格学校は、割り切って利用する

資格学校は情報の宝庫。先生も教材も素晴らしい

資格取得の勉強をするなら、受験用の専門学校に行くという選択肢があります。

私も最初に米国公認会計士（ＵＳＣＰＡ）を取得した際は、３カ月だけ専門学校に通いました。

しかし、日本の司法試験を目指して勉強を始めたときは、アメリカにいて物理的に無理だったのと、金銭的な負担が大きいことから専門学校を断念。初めから完全な独学で、しかも短期間の勉強で合格することができました。

資格学校に行く、行かないの両方を経験しているから言えるのですが、「資格取得の勉強に、学校に通う必要はない」と思います。

学校に通うのを全否定するつもりはありません。

資格についての詳しい情報、優秀な先生たちの講義、精査された問題集、受験テクニックなど、得るものは多いでしょう。最終的には独学を選んだ私ですが、専門学校に通って得た情報がその後の勉強にとても役立ちました。

学校を情報収集の場として「利用」する

私が米国公認会計士の受験を思い立ったとき、最も悩んだのが「勉強法」でした。外国の資格なので情報があまりなく、何を使って勉強したらいいのかも分かりません。

そうした不安が、専門学校に通ったことで解消されました。テキストの種類、入手方法、勉強の方向性など、一人で勉強していては知ることができなかった情報を得ることができたからです。多くの受験生を身近に感じたこともいい刺激になりました。

大きな石は、最初のひと押しは重くても、一度動けば後は自然と転がり始めます。勉強を始めるきっかけとして、あるいは迷っているようなら、まずは専門学校を1学期だけ、あるいは講座1本だけと限定して利用してみるのも一つの方法です。最初のひと押しがあれば、あとは独学で進めます。まずは始めてみることです。

04
「明日やること」だけを決める

勉強の長期目標は大きく、ざっくりと

私はこれまでに、米国公認会計士、弁護士などの資格を取得することができました。働きながら受験することが多かったので、細かい計画を立てて実行してきたように思われがちですが、そうではありません。

勉強を続けて行くためには「計画」は必要です。私も、長期的には、

「2年以内に合格する」

「勉強の内容は、基本書→過去問を繰り返す」

という二つの目標を設定しました。

しかし、具体的なスケジュールとしては、

「今日やること」
「明日やること」
だけを決めて、毎日見直すようにしました。

かなりアバウトな方法ですが、働きながら勉強をするには向いていたように思います。細かく決めてしまうと、突発的な出来事に対応しにくいのです。

直近のスケジュールは、今日、明日くらいまで

仕事をしていると、急な予定変更は珍しいことではありません。会議が長引いた、打ち合わせが入った、クレーム対応に突然の出張が入ることもあります。プライベートでも、予定外のことは起こります。

細かいスケジュールを立ててしまうと、その日やるべき勉強がストップした場合、やることが次の日に繰り越されてしまいます。1日ならまだしも2~3日分たまってしまうと、挽回するのはかなり大変です。かといって、スケジュールを考え直すのも面倒くさい。「後でいいや」の小さな積み残しはどんどんふくらんで、結局、計画そのものが挫折するといったことになりかねません。

それに、勉強をしていて、いつまでに何ができるかは、実際にやってみないと予測が立ちません。「今日は進んだな」という日があったり、「この章は意外と時間がかかるな」と日によって差があることが分かってきます。そもそも事前に確定性の高い見通しをつけるのはかなり難しい。だから今日、明日のことしか決めないのです。

やってみて、簡単そうだなと思ったら、明日は今日よりも多く問題に取り組む。逆に、少し手強いなと感じたら、翌日は時間を多めに取る。

こうした微調整ができるのも、あまり細かくスケジュールを決めすぎないからです。決めすぎないスケジュールなので、毎日「これをやり切った！」と達成感を味わうことができます。私はその積み重ねが大きな励みになりました。

週末にやり残しを持ち越さない

最終的な目標は問題集を終わらせることではなく、知識が身に付くことです。そのために、スケジュールはフレキシブルに考える。それも明日くらいまでにとどめた方が確実に勉強でき、身に付くようになります。

今日やること、明日やることを毎日決める

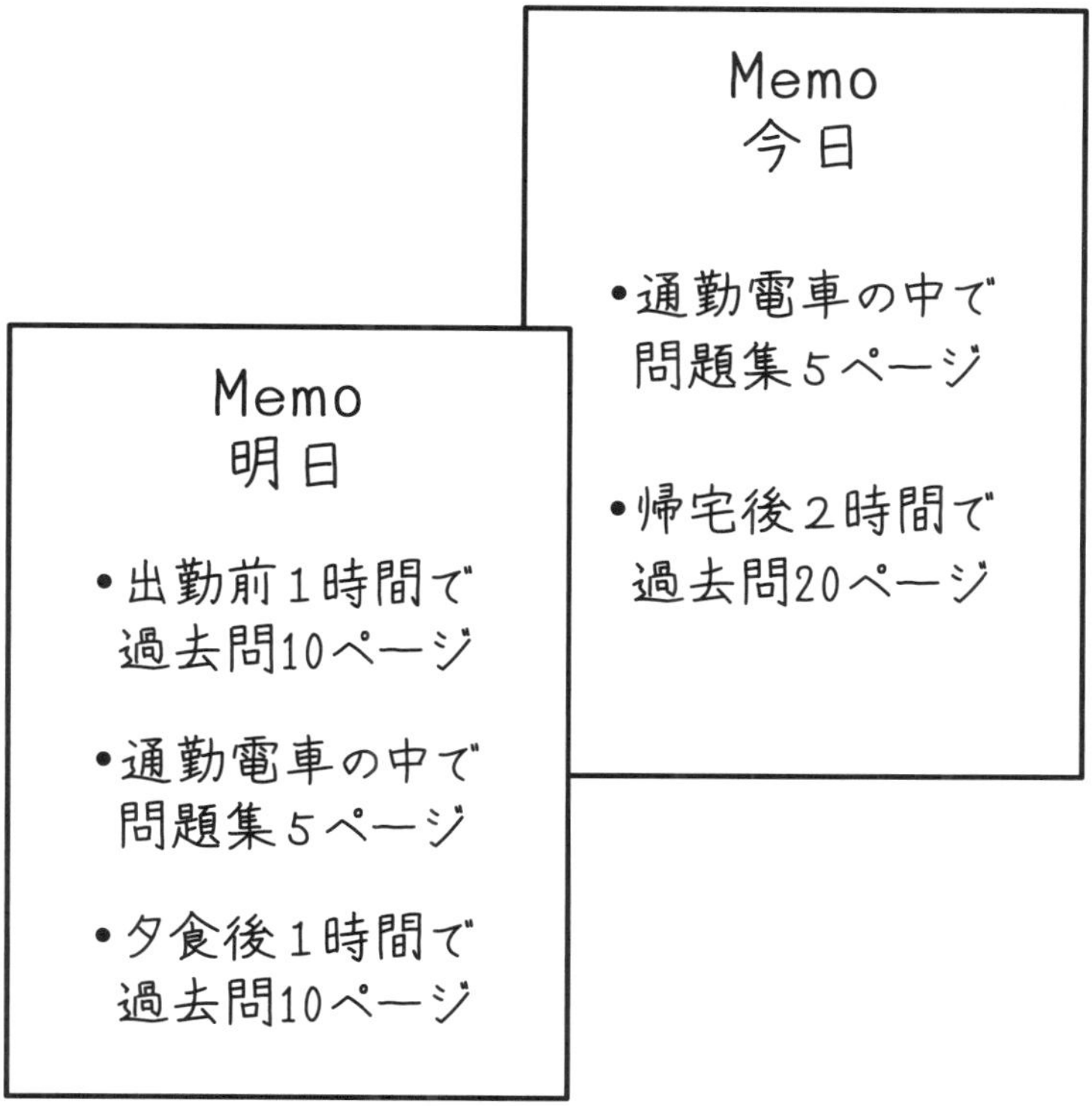
Memo
今日
•通勤電車の中で
問題集5ページ
•帰宅後2時間で
過去問20ページ
Memo
明日
•出勤前1時間で
過去問10ページ
•通勤電車の中で
問題集5ページ
•夕食後1時間で
過去問10ページ

**1カ月先、1年先のことを細かく考えても、
現実味のないスケジュールになってしまうので、
今日やること、明日やることに集中する**

危険なのは、平日に勉強する分がたまってくると、残りを週末にまとめてやろうとすることです。

週末にも、予定はあるはずです。

あれもこれも週末で、と欲張ると、「絶対にやらなければならないこと」が週末にたまってしまって、精神的にかなり負担になっていきます。

「後でやろう」は、だいたい、「後でもできない」ことばかりです。週末のたびに、できなかった後味の悪さだけが残るのではたまりません。

試験までの2年というのは、勉強するべきこと、やりたいことがたくさんあって短いような気がしますが、学び続けるには長い時間です。

モチベーションを維持するため、明日やることだけに集中しましょう。明日を積み重ねていけば、2年はすぐです。

まずは入門書を3冊読んで基礎を固める

05

「3冊」続けて一気に読む。基礎ができれば、あとがラク

勉強を始めるに当たって、まずは何から始めたらいいか。

これはもう決まっています。入門書を3冊買って読みます。「3時間で分かる〜」とか「1週間でばっちり〜」といったタイトルで、自分に合った読みやすいものを選びます。もちろん、マンガでもかまいません。

入門書にはその分野を勉強するためのエッセンスが詰まっています。未知の分野の勉強には最適だと思います。

ただし、1冊では駄目です。「3冊」を「一気に」読んでください。

なぜ同じような内容の本を読むかというと、

・最低限必要な知識が入っているので、3冊読むと繰り返し3回同じ知識について学ぶことになる
・本の内容は似ているが違うところもあるので、多角的に学ぶことができる

というメリットがあるからです。

基本的な入門書を読んでみて、繰り返し出てくるテーマや問題点というのは、そのまま、その分野の「試験に出やすい最も重要なポイント」ということです。本格的な勉強を前に、これを知っておくのと知らないのとでは、理解する時間も深さも全然違ってきます。

すぐに読む、読み飛ばしていい

本を買うなら、直接書店で、中身を見て、自分に合いそうなものを選んでください。

そして、買ったらすぐに読み始めること。

1週間以内には読み終わるのが目標です。やる気のあるうちに読み始めると、内容が頭に入りやすいのと、本が自分に合わないと思った時点で、すぐに買い替えができるからです。

読むといっても、この段階ではまだじっくり読み込む必要はありません。アンダーラインもなし。まだ重要なところは分かっていないでしょうし、入門書は次のステップに入って行く手段にすぎません。読み飛ばすつもりで、ガンガン進めてください。

私は本を買う際、神田・神保町に行って、実際に手に取って選ぶようにしています。種類が多いだけでなく、新刊も古書も同時に見られるので便利だからです。それに、あの界隈は喫茶店が多いので、本を買ってすぐに読み始める上でも都合がいい。

なお、本の中で紹介されている参考文献は、後で参考書として使えるかもしれません。特に、3冊に共通するものがあれば、チェックしておきましょう。

06

「基本書」は読まずに辞書として使う

「基本書」なのに歯が立たない

資格試験においては、各学科ごとに「これさえ読めば大丈夫」と評判の参考書や専門書などの「基本書」があるものです。

受験生はその1冊を読んで合格できるならばと、何とかマスターしようとします。私も、かつてはそうでした。

日本の司法試験を受験する際、科目ごとに基本書を探して購入しました。

早速、頭から読み始めます。しかし、よく分からない。次の日、また1ページ目から読み始めます。やはり、内容がよく分からない。パラパラと先をめくってみると、余計分からない。さらに次の日、また最初から……。結局、1週間経っても、1カ月が過ぎても、最初の数ページに手こずったままです。

よく知らない分野なので内容が難しい、難しいから分からない。分からないからつまらない、つまらないから続かない。基本書を全部読み通すのは、自分には無理だと痛感しました。でも、試験に役立つ重要なことが書いてある（らしい）ので、一概に使わないというのも惜しいのです。

「読む」のが無理なら「引いて使う」

基本書を読む目的は、試験に合格する知識を身に付けることです。読破する、しないは関係ありません。かといって、自分にとってつまらないもの、難しいものを我慢して読むのは時間のムダであり、何より苦痛です。つらい勉強は続きません。


私は、基本書の役割を変更し、「辞書」として使うことにしました。

問題を解いてみて、分からないところがあったときに、辞書代わりにその本を「引いて」読むようにしたのです。そのうちに、何度も開くページが重要ポイントだと分かってきます。これが試験前の復習にはとても役立ちました。

基本書は、真っ白なページがあっても気にしないことです。何か一つでも自分の身になったと思えるところがあれば、十分役目を果たしたことになるのです。

07

試験勉強は「過去問」を徹底的に繰り返す

過去問の分析から、勉強すべきテーマが分かる

私の勉強法は、基本的に「過去問」を解くことです。

これまで取得したすべての資格の合格は、過去問の徹底攻略にあると思います。

入門書を一気に3冊読み終えたら、次は過去問に取り組みましょう。過去問を分析することで、試験で出題されそうな問題の予測ができます。


きっかけは、最初に受けた資格試験の米国公認会計士です。過去問を調べていたとき、アメリカでは過去に出題された問題がそのまま出されていることに気付きました。選択肢の順番などの違いはありましたが、ほぼ同じです。日本ではちょっと考えられませんが、「基本となる問題は決まっているし、限りがある。重要なことは何年経っ

ても重要である。だから同じ問題を出題する」という発想からのようです。問題数がかなり多いため、そうせざるを得ないのかもしれません。

日本の試験では、アメリカのようにまったく同じ問題は出ませんが、傾向はつかめます。出そうな問題のヤマを張るといった意味ではありません。出題されやすいテーマとそうでないテーマがあることが分かってくるのです。

同じ勉強をするのなら、余分な知識の習得に時間をかけるより、出題されやすいテーマに時間を割いた方が効率的です。

合格へのハードルは決して高くない

私が最初から過去問を勧める理由がもう一つあります。

過去問を見ると、これから勉強する試験の内容が、それほど難しくないことに気付けるからです。問題を見れば、資格試験は基本を大切にしていることが分かります。採点結果からは、どれくらいの正答率で合格できるかの見当もつきます。

ただ向こう見ずに勉強するのではなく、過去の実績を分析し、ある程度の戦略を立てるのも資格試験突破の近道です。それには、過去問が最適なのです。

08

過去問は「眺める」⬇「読む」⬇最後に「解く」

繰り返すことで、できない問題がなくなっていく

過去問を勉強の中心にするといいましたが、勉強の進み具合によって活用の仕方が違います。実際に「解く」のは少し後。ある程度勉強が進んでからです。

私が実践していたのは、こんな方法です。

◎1回目　過去問を「眺める」

いきなり問題を「解く」ことはできないので、最初は問題を「眺め」ます。

ただし、漫然と眺めていても駄目です。

- どんな内容の問題が出ているか
- 選択問題か、論述問題か

- 問題数はどれくらいか
- どんな問われ方をしているか

などをチェックしながら眺めます。

◎2回目　過去問を「読み」、とりあえず「解く」

問題を「解く」といっても、「考えながら解く」のではありません。問題を読んで、分からなければすぐに解答を見ます。できなかった問題には印を付けます。

勉強はまだ始めたばかりですから、考えても分かるわけがありません。過去問の解答・解説は短い文章の中に要点がよくまとまっているので分かりやすく、覚えやすいのも特徴です。読みながら、知識を習得していきます。

◎3回目　印の付いた問題を中心に、過去問を「解く」

2回目と同じ要領で進めます。分からなかった問題に印を付けます。

◎4回目以降　印が2個付いた問題を中心に、過去問を「解く」

2回目と同じ要領で進めます。

過去問を繰り返すことで、知識は着実に定着していきます。解けなかった問題数も減り、スピードもアップします。余裕があれば、本番まで何度でも挑戦しましょう。

過去問の繰り返しで、要領よく勉強する

1回目 過去問を眺める

- どんな問題があるのか？
- 選択問題 or 論述問題？
- 問題数は？

2回目 過去問を読む

- とりあえず解いてみる
- 分からなければ、すぐに解答を見る
- 解けなかった問題に印を付ける

3回目 過去問を解く

- 2回目と同じ作業をする

4回目以降 印が2個付いた問題を中心に解く

- 2回目と同じ作業をする

**本番までに何度も過去問を繰り返すことで、
解けない問題数が減っていき、
解答スピードもアップします**

問題集は、1冊に絞り何度も繰り返す

09

自分に合う問題集は、やってみないと分からない

勉強するためのテキストや問題集選びに、正解はありません。極論をいえば、百万人が結果を出した評判の問題集も、自分に合わなければ何の価値もありません。

あまり情報収集に走らず、定番で売れているものをいくつか買ってみて、そして実際にやって、自分に合うものを見定めていきましょう。フィーリングが合わない、難しすぎる、反対に簡単すぎると思ったら、すぐに新しいものに替えてください。

「もったいない」と思うかもしれませんが、合わない教材を無理してやり続ける方がよほどもったいない。時間のムダ、労力のムダです。

資格試験勉強における問題集は、テキストも兼ねている重要なツールです。妥協せず、受験の必要経費だと割り切ってください。

時間のムダ遣いがいちばん「もったいない」

自分に合う問題集を見つけたら、その1冊を繰り返し何度もやることです。

実際、私が米国公認会計士の受験で使っていた問題集は過去問だけです。何度も繰り返しやって合格しました。日本の司法試験では過去問に加えて、クイズ形式の問題集をプラスしましたが、こちらも各教科1冊ずつ。やはり何度も繰り返しやりました。

問題集は種類が多い方がいろいろなバリエーションが学べていいような気がしますが、1問当たりにかける時間が少なくなるので、知識としては十分ではありません。むしろ、同じ問題集を何回もやる方が理解が深くなり、応用力も付くので、何冊もやるより確実な試験対策になります。

なお、過去問について、あまり古い問題は、時代の変化に合わなくなっているので見ても参考にはなりません。せいぜい5年分くらいの問題に絞れば十分です。ただし、論述問題の場合は問題数が少ないので、過去10年分くらいには目を通しましょう。

10

クイズ形式の問題集で基礎固め

短期間での基礎固めに、クイズ形式の問題集はかなり「有効」

資格試験は過去問を中心に勉強するといいました。日本の司法試験を受けるときも、私は過去問を中心に勉強していましたが、もう1冊別の問題集をやることにしました。日本では、アメリカと違って過去問とまったく同じ問題が出題されることはほとんどないと聞いたので、試験問題に対応できるかどうか不安だったからです。

それが、クイズ形式の問題集、しかも○×式の2択です。

司法試験の1次試験のうち、「憲法」「民法」「刑法」の3科目の基礎固めはこの過去問＋クイズ問題で乗り切りました。

国家資格レベルの勉強にクイズなんてと思われるかもしれません。しかし、実際に私がやってみた経験ではまったく問題がないどころか、基礎知識の習得に大変役立ちました。基本書を読むよりも効果があったと思います。

過去問と交互にやることで、基礎知識が飽きずに身に付く

私が使ったのは、ある司法試験の予備校が出版していた問題集です。過去、実際に出題された択一問題を問題文に加工して、○か×かを選ぶという内容でした。

資格試験は合格者を選ぶだけでなく、基準に達していない人を振るい落とすという側面もあります。そのため、問題が長文で込み入っていて、一度読んだだけでは分かりにくいものが少なくありません。

しかし、そのクイズ形式の問題集は、

- 元の込み入った問題文が、一読して分かるよう簡潔にまとめ直されていた
- 2択の選択肢はその分野のポイントを凝縮したものだったため、読むだけで基礎知識の習得につながりました。

使い方は過去問の場合と同じです。

問題を読んでその内容が◯か×かを選び、分からないもの、間違えたものにはチェックを付けて解答や解説を読みます。2回目、3回目にトライするときは、チェックした問題を重点的に目を通します。

問題は「解く」のではなく、ここでも「読む」ことにしました。

そして、基礎的な内容が頭に入ってきたなと思ったら、択一問題の過去問に挑戦するようにしました。だいたいクイズ形式の問題集を2回やったら過去問を1回やるという流れです。

こうしてクイズ形式の問題をやったり、過去問をやったりするサイクルを繰り返すことで、飽きずに勉強することができました。

すべての資格にこうした問題集があるとは限りませんが、あまり食わず嫌いすることなく、活用してみてはいかがでしょうか。

短期間で合格できる人の教材の使い方

Step 1
「3時間で分かる～」
「1週間でばっちり～」といった
入門書3冊を1週間以内に読む

↓

Step 2
過去問を中心に勉強する
最初は解けなくても
読むだけでOK

↓

Step 3
クイズ形式の
問題集を1冊買って、
何度も繰り返す

※参考書や専門書は、「辞書」として使う

11

論述問題は、基礎固めの後にじっくりと

解答の丸暗記は、論述問題では通用しない

資格試験の多くは、選択問題の他に配点の多い論述問題が出題されます。

過去問を繰り返しやって勉強するのが基本といいましたが、論述に限っては、ただ覚えるだけでは対応できません。

時間をかけて完璧に覚えたとしても、本番の問題が少しでも違っていれば、答えはまったく異なったものになるかもしれないからです。

先ほど日本では過去問とまったく同じ問題は出題されにくいといいましたが、その多くが論述問題なのです。

論述試験の過去問を勉強すること自体は、悪いことではありません。答えや解説は

そのままその分野の重要事項がまとまっています。

ただし、試験対策として利用するには、試験用の覚え方があるのです。

「重要フレーズだけ」を覚える

過去問の模範解答や解説を見ていくと、何度も繰り返し出てくるフレーズがあります。勉強している分野のキーワードであり、試験の出題者からすれば、必ず知っておいてほしい重要事項です。

論述問題は、そうした重要フレーズを組み合わせることで「答え」になります。

つまり、論述対策の勉強は、「模範解答や解説から重要フレーズだけを抽出して覚えておく」のです。


最初は何が重要かも分からないでしょうから、入門書を3冊読み、過去問を何回かやって、基礎知識が固まってきたなと思った時期から、論述問題の勉強を始めるのがいいと思います。どれが重要なフレーズかは、過去問の解答を何度も読むうちに分かってきます。

大事なものは何回も出てきますから、「また出たな」と思ったフレーズを残らずチェックしておきましょう。

私が司法試験の論述問題の勉強に手を付けたのは、勉強を始めて3カ月経ってから。過去問とクイズ問題でしっかり基礎固めをしたあとです。これで十分間に合いました。

論理的な考え方を習得する 12

社会人は、毎日会社で論述問題を解いている

暗記すればいい選択問題と違って、物事を論理立てて説明する論述問題は苦手という人が多いようです。

でも、ちょっと考えてみてください。

あなたは会社の仕事で、企画書を書いたり、上司に説明したり、プレゼンテーションした機会はないでしょうか。どれか一つでも「ある」と答えたなら、あなたはすでに論述問題の練習をしていることになります。

これらは、すべて相手を「説得する」ために書かれるものだからです。

厳しい上司を説得するには、論理立てて話さなければ納得してくれないでしょう。プ

レゼンテーションでは、その商品やサービスの何が素晴らしいか、どこが他社と異なるのかを説得して、相手が納得して初めて次の段階へ進みます。

そう考えると、社会人にとっては日々の業務がそのまま論述問題の練習です。

論述問題で求められるのは、自分がその問題についてどれだけ理解したかをもって、採点者を「説得する」ことだからです。

一度身に付いた論理的思考はなくならない

知識が多いことは、試験では確かに有利です。選択問題で点数が稼げます。しかし、覚えたことはいつか忘れてしまいます。

一方、「論理」は考え方ですから、一度身に付いたら消えません。必要なときに、いつでも引き出して自由に使うことができます。

司法試験を受けるとき、私は知識よりも論理を身に付けたいと思いました。

論理的な考え方ができれば、知識を覚えるときにも論理的背景が分かるので、忘れにくくなるからです。

昔は司法試験に向けて、六法全書を丸暗記したという強者もいたそうですが、今は持ち込み可能なため、覚える必要はありません。

論述試験で問われるのは、自分が法律をどう解釈し、理解しているか、その理由を論理的に説明する力があるかどうかです。

「なぜ?」と問い続ける

では、論理的な考え方はどうやったら身に付くのでしょうか。

それは、「なぜ?」を考えることです。

例えば、

「日本は長寿国だ」

「将来に不安を感じている人が多い」

という文章について、「なぜ?」を考えてみましょう。


私なら、まず言葉の意味を調べます。

日本、長寿国、将来、不安。

ここからさらに広がって、日本の人口、年齢構成、男女構成比、平均寿命、雇用、貯蓄、住宅、扶養などについて調べます。

知識を獲得した上で相互の因果関係が説明できるようになれば、論理的考えの基礎はできたことになります。

日頃から意識して、「なぜ?」と自分に問いかけてください。

13 問題集は破いてページ単位で持ち歩く

問題集はバラバラにして使う

いつでもどこでも勉強するには、勉強する準備を整えておくことです。

私の場合は、その日にやる分の問題集（10ページ程度）を切り取って、常に持ち歩いていました。1冊そのまま持ち歩くよりも軽く、すぐに見たいところを開くことができるので、時間のロスがなかったからです。


この「バラバラ法」が誕生したきっかけは、私が家のソファーで横になって勉強するのが好きだったから。いちばん勉強がはかどるのも自宅のソファーの上です。

でも、問題集を丸ごと1冊抱えたままだと、重くて腕はしびれるし、体勢を変えるたびにページを見失うしで、どうにも効率が悪い。少しでも軽く持ちやすくするため、思い切ってバラバラにしてみたら、これが正解でした。
横になってでもできるくらいですから、立ったまま、電車の中での勉強にも支障はありません。むしろ、もっと早くからやっておけばと後悔したくらいです。

とことん使って頭に叩き込む

勉強道具を持ち歩くとき、注意したいのは「持ちすぎない」ことです。

例えば、問題を解いていると、辞書が欲しくなったり、参考書で内容を確認したくなることが多いと思います。

でも、必要はありません。分からない言葉や用例が出てきたら、印をつけておくだけにして、先へ進みます。調べるのは家に帰ってから。勉強をストップさせないためです。

もし、辞書や参考書がないと分からない内容が多すぎて困るなら、その問題は今のあなたのレベルに合っていないのです。もっとすらすら読めるテキストに替えた方がいいでしょう。

バラバラにしたものは、あとでファイルしておけば、また1冊の問題集として何度でも使うことができます。本を切り取るのに抵抗があるなら、コピーを取って使ってもよいでしょう。

問題集も基本書も、きれいなままで使わないよりは、自分でポイントを書き込んで、何度でも読み直して使い込むことで、内容がすっと頭に入ってきます。

ちなみに、このバラバラ法は今も現役です。私は毎日3紙の新聞に目を通していますが、一日で全部を読み切るのはなかなか大変です。そのため、必要な記事は切り抜いて、常にかばんに入れています。

14 書かずに音読して覚える

「書く」より効率がいい「音読」

「暗記より論理」といいたいところですが、試験を受ける以上、最低限のことは覚えなければなりません。

暗記というと、「書いて覚える」を徹底している人がいますが、そろそろこの方法からは卒業してください。

私は、「暗記＝声に出して読んで覚える」勉強を実践しています。

情報を得るとき、「読む（黙読）」→「声に出して読む（音読）」→「書く」の順に時間がかかります。しかも、この順番通りに記憶が深まったかどうか、時間をかけた分だけたくさん覚えたかといえば、そうとは限らないでしょう。

学生時代なら、ゆっくり机に向かって書きまくる時間が取れたかもしれませんが、今は限られた時間の中での勉強なので、もっと合理的にいきたいところです。

それで、私は「声に出して読む（音読）」ようになったのです。

自分にも聞かせるつもりで読む

音読といっても、アナウンサーのように滑舌よく、はっきり大きな声で読む必要はありません。ただひたすら声に出して読む。自分に聞かせるために読む。問題も解説もすべて読みます。

「ただ知っている」レベルでは試験で解答できません。繰り返し音読を続けて、知識を自分の中に定着させることが大切です。3日間くらい音読を続ければ、「ただ知っている」レベルだった知識が自然と「使える」ようになり、忘れなくなります。繰り返し何度も読まなければなりませんが、それでも書くよりは、はるかに時間の短縮ができます。

この音読を、私は仕事の場でも活用しています。裁判所に提出する重要な書類などの推《すい》敲《こう》のためです。

音読すると、自分の文章を客観的に見る（聞く）ことができるため、パソコンの画面を見るだけでは見落としがちな誤字や脱字、文章のリズム、分かりやすさ、相手を説得できているか、などが確認できます。

ノートは作らない 15

「勉強＝ノートを作る」は究極のムダ

書いて覚える以上に最悪だと思っている勉強方法が、ノートを作ることです。私は高校生くらいからノートを取った記憶がありません。大学受験も、資格試験でも当然、「NOノート」です。何のためにノートを作るのか、目的が分かりません。

後で見直すため、といいますが、それならもう一度本を開いた方がいい。

最近の教科書や資格用のテキストは視覚的にも凝っていて、図やチャートなどが豊富で、見て読んで分かりやすいように工夫されています。わざわざ作り直さなくても、その道のプロが作ったものの方が断然内容は優れています。

そもそも、勉強している途中の受験生が、内容をよく理解しないまま作ったノートが、要領よくまとまっているわけがありません。

テキストに要点を書き込んで「ノート化」する

新しいノートを作る手間や内容の濃さを考えれば、テキストを活用しない手はありません。必要な情報を余白に書き込んで、テキストを自分のノートにしてしまえばいいのです。あとで見返すときにも「あれ、どれだっけ？」と迷うこともありません。テキストであり、ノートが1冊にまとまっているので、持ち運びもラク。どこでもすぐに取り出して復習することもできます。

ただし、ページ内の重要な箇所や単語に線を引くとき、

- あまり多く線を引きすぎない
- 色を使いすぎない

よう気を付けてください。私は見返すことを考えて、鉛筆で線を引くようにしました。あまりカラフルすぎると、逆にポイントが分からなくなります。

16 合格するのに必要な情報は「本」から得る

孤独だから頑張れる

私はアメリカの資格、米国公認会計士を受験しようと思ったときは日本に、日本の司法試験を志したときはアメリカに住んでいました。当時はまだインターネットが十分ではなかったので、試験そのものや受験勉強に関する情報にかなり飢えていました。ちょっと特殊なようですが、今でも地方にいたり、一人で勉強している人なら誰でも同じことを感じるのではないかと思います。

孤独というか、世間から隔離されたような、何とも宙ぶらりんな気分です。

しかし、それがあったから、かえって短期間に集中して勉強できたと思います。短期合格できるかどうかは、一人で踏ん張れるかどうかが分かれ目だからです。

情報は自分から取りに行く

資格試験に合格するには、情報ができるだけ多い方がいい、と考えてはいないでしょうか。

現代は情報化社会です。インターネットやＳＮＳで日本中どころか、世界中の人と簡単につながることができます。受験に関する情報もごろごろ転がっています。「テキストはこれがいい」「去年はこの問題集から出題された」「受験科目が変わるらしい」など玉石《ぎょくせき》混《こん》淆《こう》です。本当かどうかは分からなくても、知ってしまった以上は気になってしまいます。

しかし、あれこれ考えるその時間が私はムダだと思うのです。

冷静に考えてみてください。こうした情報交換をしているのは、ほとんどが受験生です。あなたと同じどころか、何度も試験に落ちている人の発言かもしれないのです。こうした情報を集めても、役に立つとは思えません。

もし話を聞くのなら、目指す試験の合格者や、プロになって成功している人から直接聞くことです。

受験に関する情報は、「本」から得ることをお勧めします。入門書を3冊も読めばこのことも分かるはずです。試験に関する一般的な情報が知りたいなら、主催団体のホームページに自分からアクセスしてください。

あいまいな情報には「近づかない」方が賢明です。

17

模擬試験は本番の予行練習と割り切る

模擬試験は積極的に利用しよう

資格取得の予備校では、定期的に模擬試験を実施しています。

私も司法試験の勉強は独学でやっていましたが、模擬試験や答案練習といった予備校主催の試験には積極的に参加しました。

一人で勉強していると、本番の試験会場の様子がなかなかイメージできません。模擬試験や答案練習は、大勢の受験生が集まって制限時間内に問題を解くので、本番に非常に近い雰囲気が体験できます。少しでも場の雰囲気に慣れておきましょう。

試験後は予備校の先生による解答や解説がもらえるので、一人でする過去問研究とはまた違った観点から、ミスの原因を確認できます。ケアレスミスなど一人で勉強していると気付かない発見もありました。

試験の結果は気にしない！

試験ですから、点数や順位などのシビアな結果も受け取ることになります。しかし、たとえ結果が悪くても、今の段階では気にする必要はありません。模擬試験は本番の試験で成功するための予行演習です。悪い結果は今後の勉強の強化ポイントに、よい結果には気を引き締めればいいだけです。

特に論述試験の模擬試験の結果は、完全無視でもかまいません。というのも、採点は素人がアルバイトで請け負うことが多いからです。

私も何回か模擬試験は受けましたが、それを知っていたので、返却してくれる答案を取りに行くのを忘れてしまったこともありました。

模擬試験は、あくまで予行演習のつもりで利用すればいいと思います。

18

試験が近くなったら、やることを絞り込む

試験前に焦るのは、自分を信じていないから

試験日が近くなってくると、自分は合格できるのか不安になってきます。選んだ問題集は本当にこれでよかったのか、もっと他に読むべき本、覚えておくことがあったんじゃないか。試験直前になって勉強する範囲を広げたり、新しく問題集を購入したりします。試験会場で問題用紙が配られる直前まで、必死にテキストにしがみついている人がいますが、これも似たようなものです。

たまたま直前に見た問題が出ることもあるでしょうが、できなかったりするとさらに焦りを感じます。そんな精神状態のまま試験を受けても、実力は発揮できません。

本番の試験では、それまでの勉強で身に付けた知識を100パーセント出し切るだ

けです。慌てて新しいことを始めたり、無理に知識を詰め込もうとしても、急に学力が伸びることはありません。

自分が仕事の合間に勉強して身に付けた力で勝負するしかないのです。

直前の不安を、私は次のような方法で自信に変えていきました。

試験前は、できなかったところの「復習」に絞る

勉強に関しては、試験日が近づいてくるにつれて、勉強しなければならない範囲を減らしていきました。

私の勉強法は過去問を繰り返すのが中心です。なので、「できなかったところだけを復習する」ことにしました。

問題集を2回やって、できないところだけを3回目にやる。3回目にできなかったところだけを4回目にやる。そうすると、知識はどんどん定着していって、勉強する範囲は逆に減っていきます。最後には、できなかった問題はほとんどゼロになります。

これが大きな自信になるのです。

資格試験は満点を取るテストではありません。基本的な知識を見るものです。後は当日の体調管理に気を付ければ、自信を持ってその日を迎えられます。

19

勉強を日常生活に取り入れる

勉強も毎日の行動パターンの一つ

目標に向かって勉強すると決めても、実際に続けるのはなかなか難しいものです。それまでの生活にはなかったことを始めるのですから、やる気のない日や、集中力が続かない日、逆に一日中勉強に没頭した日など、ムラが出てしまうと思います。しかし、目標を達成するには、勉強の量がやる気に左右されていては、合格は望めません。

食事の後に、寝る前に、あなたも毎日歯磨きをしていると思います。始めた頃はまだ子どもですから、毎日は面倒くさいと思っていたのが、いつの間にか生活パターンに組み込まれ、その後は苦もなく続いているはずです。

勉強も同じです。面倒くさい、やる気がないと思う前に取りかかれるよう、毎日やることを決めて、自然に体が動くよう生活パターンの中に組み込んでしまうのです。

ノルマを決めて、勉強する生活を体に覚えさせる

ノルマの内容は自分の実力次第ですが、例えば、

「1日にテキストを10ページ読む。問題集は5ページ解く」

と設定し、決めた以上は必ずやるようにします。

このときのノルマは、確実にできる量にしてください。もの足りなさを感じたら、次の日の分を前倒しでやることでさらに励みになりますが、多すぎると、負担に感じて続けるのが嫌になってしまうからです。

最初は時間を見つけるのが難しかったり、気が乗らないかもしれません。しかし、体が慣れてくると、歯磨きと同様、やらないと落ち着かなくなってきます。

人は、面倒だと思った瞬間、効率がガクッと下がります。だから、「面倒くさい」と思う前に、自然と体が動くようにノルマを設定するのです。

続けるうちに理解も深まってくるので、続けるのが苦ではなくなります。

20

苦手科目は「捨てる」か「小分けする」

苦手科目は捨てて、得意分野を伸ばす

資格試験では、受験する科目が複数あるものがあります。

その中で、どうしても苦手な科目や分野があるとき、資格試験ならではの取るべき対策があります。それが、

「苦手科目は捨てて、他でカバーする」

ことです。

試験の配点が分かっていて、その苦手分野の配点が少ない、または0点でも合格するなら、思い切ってこの方法を使ってみるのも一つの戦略です。

苦手な分野の勉強はやはり時間がかかりますし、精神的にもつらいものです。

その分の時間を得意科目に集中させた方が効率的だからです。

私も、公認内部監査人（ＣＩＡ）の試験ではこの方法を取り入れました。過去問の研究から、試験の中に情報技術分野の問題があることが分かりましたが、私はこれが大の苦手科目。そこで思い切ってこの分野の問題は捨てて、他の科目でカバーすることにしました。結果、何とか合格できました。

毎日コツコツやる

もう一つは、

「毎日少しずつ勉強して苦手を克服する」

という方法です。

ニンジン嫌いの子どもでも、小さく切れば食べられます。同じように、苦手科目も少しずつ小分けにすれば、勉強を続けることができます。

私の場合は、苦手科目の「手続法」を、毎朝電車の中で勉強することにしました。ただし、30分だけです。30分経ったら、たとえ途中でもスパッとやめる。その代わり、毎日やる。この割り切りがよかったようです。それほど苦労しないで続けることができましたし、十分な知識を身に付けることができました。

21

メディアを有効活用する

新聞・雑誌を読んで「要約力」を身に付ける

論述試験では、問題文を読んで問いの本質を見抜き、簡潔に答えをまとめる能力が求められます。「要約力」です。

これは過去問を読んだり、問題集を解いてすぐに身に付くような能力ではありません。時間をかけて、じっくり育てていく能力です。

普段の生活の中で身に付けるには、メディアを活用すると、飽きずに続けることができます。

新聞や雑誌を見ると、最初に大きな「見出し」が目に飛び込んできます。

その見出しと本文の間にある、中くらいの大きさの文字でまとまっているのが「要約」です。

見出しと要約記事だけで事件の内容が正確に分かるようなら、その記事はかなり優秀です。本文の内容と照らし合わせて、要約のコツを意識しながら読みます。できれば、自分でも書いてみると、ポイントのつかみ方がよく分かると思います。

私がよく参考にしたのは、「ウォール・ストリート・ジャーナル」のオンライン版です。要約文の配信サービスもあり、いつも感心しながら読んでいました。

日本の新聞サイトにも素晴らしいものがあると思いますので、自分に合うものを定期的に見るようにするといいと思います。

テレビはイマジネーションの補強を後押し

最近は企業小説や経済小説を原作としたドラマや映画、業界の深部に迫ったノンフイクションの番組が増えてきました。

細部まで詳しく調べて映像化しているものが多いので、これから受験しようとする資格や業界について、参考になるものが多いと思います。

自分が関わった取引や事件は忘れないものですが、体験していない案件について具体的なイメージを持つのはかなり難しいものです。

しかし、テレビを見ていると、まるでその場で体験したかのようにイマジネーションをふくらませることができます。

テレビの中のヒーローたちに将来の自分の理想像が重なるようになるので、勉強するモチベーションもアップします。

自分の頭の中で漠然と考えたことより、イメージをかき立てながら身に付いた知識は忘れません。

例えば、私が学校で手形や小切手の講義をする際には、青木雄二さんのマンガ『ナニワ金融道』を薦めていました。金融業界の裏側について、これほど率直に書かれた本を他に知りません。

新聞、雑誌、テレビ、最近はパソコンも、だらだら見るのは意味がありません。息抜きの時間でも、何でも貪欲に吸収する意欲を忘れないことです。

必要な情報は、自然と向こうから近づいてくる

22

情報は行き先を探している

最近のテレビの機能は、驚くほど進んでいます。気になる単語やジャンルを登録しておくと、勝手にキーワード検索をして、該当する番組を録画してくれます。

例えば、好きなミュージシャンが出る音楽番組をチェックするのは普通です。たくさんの人がやっています。しかし、そのミュージシャンが歴史番組に出演することは、よほどのファンでないと知らない情報です。それも、テレビは名前だけをヒントにして録画してくれます。欲しい情報が、向こうから寄ってくるのです。

知識や情報でも、これと同じことがいえます。

「こういうことが知りたい」と思いつつ、全然関係ない本を読んでいたら、たまたま情報がヒットした。「久しぶりに電話しようかな」と思っていたら、相手から電話がかかってきた。こうした事例は誰もが体験していることでしょう。

関心を持って生活していると、必要なものは向こうからやってくるのです。

情報のアンテナを張り続ける

ただし、本当に何もしない人には、何も訪れません。

情報のアンテナというのでしょうか。自分で「こんな情報が欲しい」「知りたい」という問題意識や関心を持ち続け、更新していないと、相手に気付いてもらえません。

私の弁護士業務にも、情報は必要です。

今後はどんな内容の紛争が増えそうか、あらかじめ予測を立てて勉強しておかないと急な相談にも対応できないからです。

私も普段から問題意識を持ち、自分の業務に関連する情報を集めるように意識しています。アンテナを張ることは、資格を取ってからも必要なスキルの一つです。

23 見たい部分をすぐに探せる情報整理術

「マーキング」から「クロス・レファレンス」へ

情報は、必要なときに、さっと取り出して活用できてこそ価値があります。「確か、あの辺にあったはず……」と探し回るようでは、情報の価値はありません。見つかったとしても、探している間の時間はムダだからです。

勉強する際は、ノートを作らないのが私の方法です。そこで、必要な情報をいかにテキストから引きやすくするかに絞ってお話ししましょう。

①本の中で迷わないようにする「マーキング」

本を読んでいて、本当に重要だと思った部分に線を引きます。

さらに、丸で囲んでグループ化したり、余白に引き出して内容の補足を書き込んだりします。

私は色の氾濫《はんらん》で見にくくならないように、あえて鉛筆で線を引くようにしています。

②複数の本の情報を相互に活用する「クロス・レファレンス」

マーキングは皆さん実践されていると思いますが、私はさらにもうひと手間加えることを惜しまないようにしています。一つの情報だけでは使い物にならないことが多いからです。

①で重要だと思ってマーキングした部分に、他のテキストや問題集の参照ページなど、関連する情報を書き込みます。勉強しながら、同時に「クロス・レファレンス」を作ってしまうのです。こうすると、どちらの情報からもアクセスできて使い勝手がいいのと、手をかけているので知識が定着しやすいのです。

情報を整理する場合、完璧にファイリングしようとか、カード化しようと形から入りたくなります。でも、新しいものに手を付けるのは、どんなに簡単でも手間と時間がかかります。最小限の労力で最大限の効果を得る方法をよく考えてください。

ノートは作らずに必要な情報はすべて本に書き込む

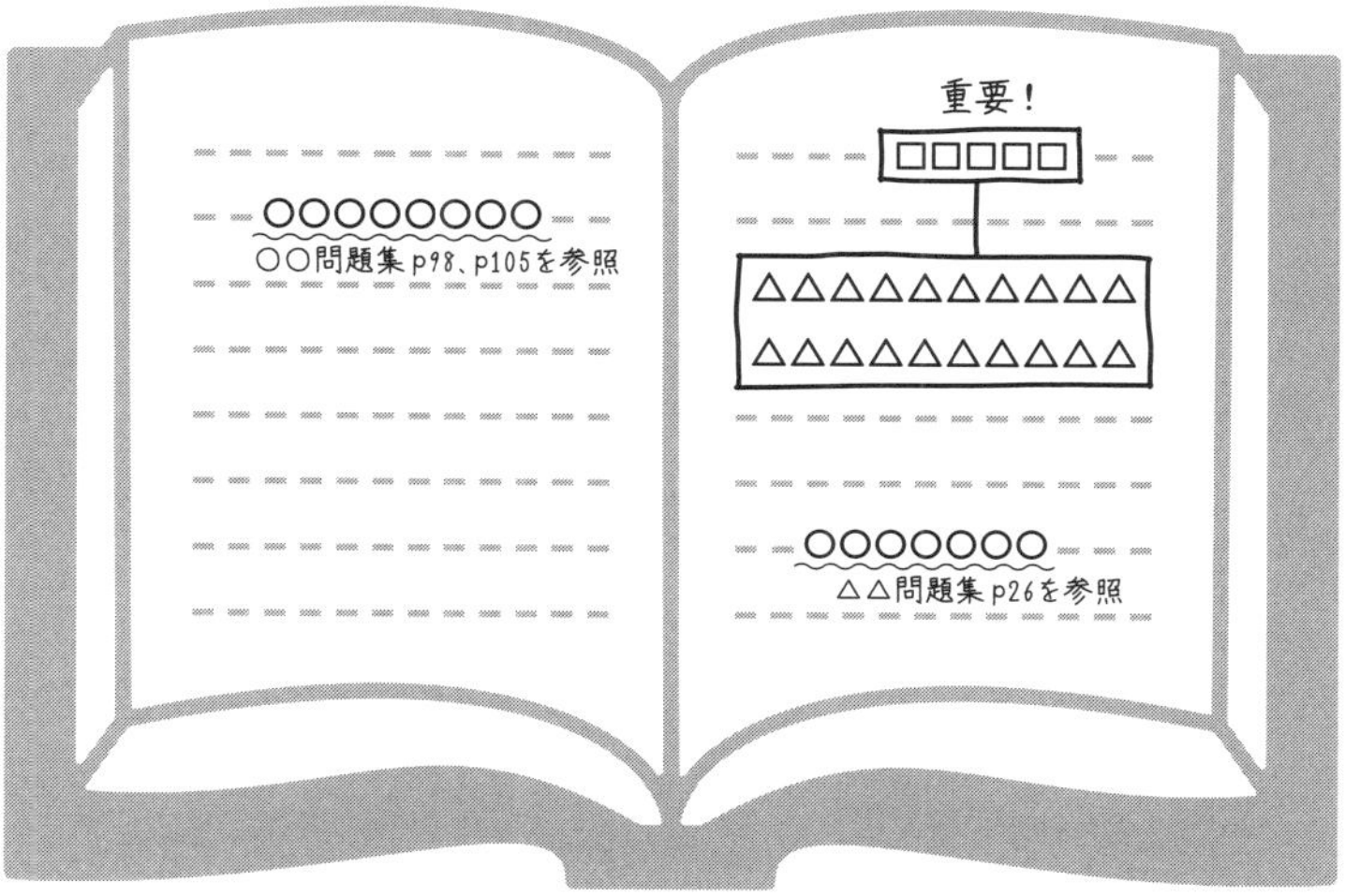

- 重要な箇所には、線を引いたり、囲んでグループ化をする
- 他の本や問題集の参照ページを記しておけば、時間をかけずに必要な情報を引き出すことができる

第2章

働きながら勉強するための時間管理術

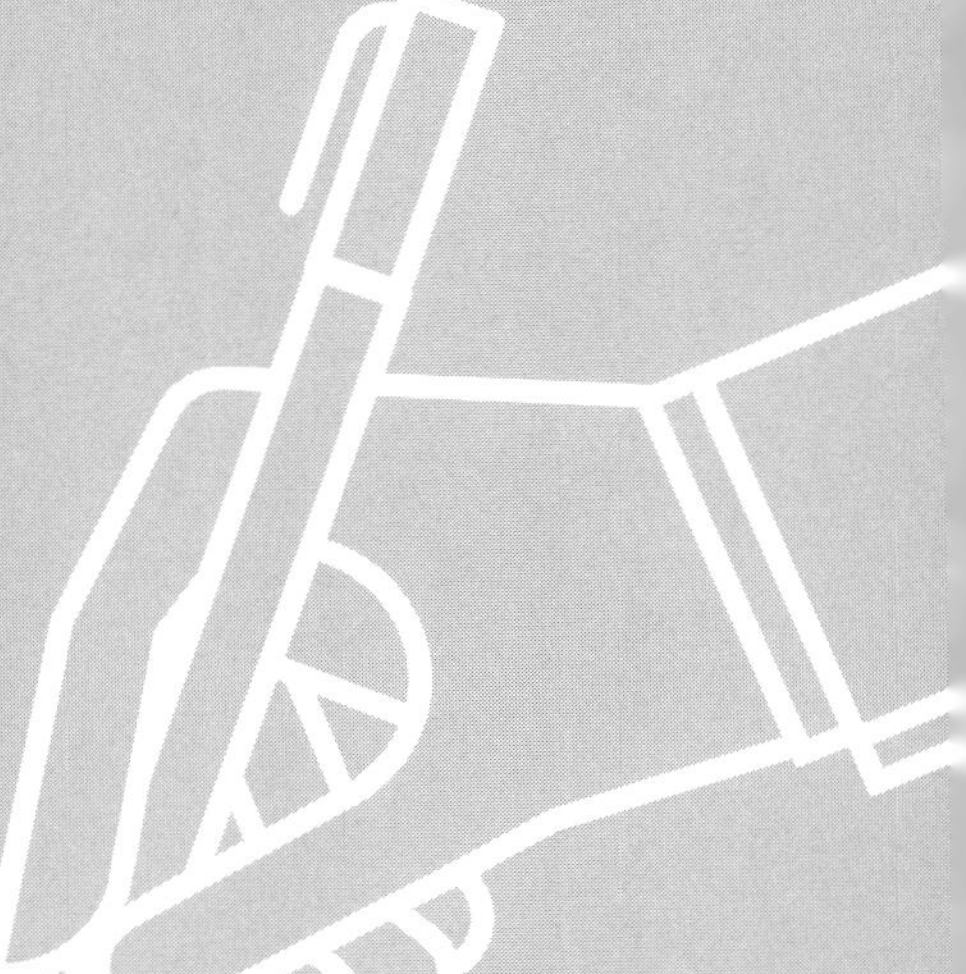

24 時間がないことは最大のメリットである

日々の業務が、試験勉強を有利にしてくれる

働きながら国家資格の取得を目指すのは、かなりハードルが高いように思われるかもしれません。

自分は仕事が忙しいので勉強する時間が取れない、学力に自信がない、今さら受験なんてと「できない理由」を並べたくなる気持ちも分かります。私も社会人になってバブル崩壊を経験するまでは、資格取得をまるで人ごとのように思っていました。

ところが、米国公認会計士の資格を取ろうと決意し、勉強を始めてから気付いたことがあります。大人になってからの勉強、特に資格試験の勉強は、「働きながらの方が有利」ということです。時間的なことをいえば正直足りませんが、そのマイナスをプラスに変えるだけのメリットを、働くことで得ているからです。

働きながら勉強する三つのメリット

①安定した収入を確保している

勉強するにもお金は必要です。私は合格まで2年と設定して勉強しましたが、給料という安定した収入があったからこそ、勉強に専念することができました。

問題集を買ったり、模擬試験を受けるお金もないのでは、勉強どころではないでしょう。

②仕事で身に付いた社会常識と実務感覚が、答案作成で生きる

資格取得の試験は、その道の専門家になるための入門試験にすぎません。合格証は電車に乗るための切符のようなものです。受験生が答案用紙に書くのは、これから実務家としてやっていくための基礎的な素養は十分ありますよという証明であり、採点者に対してのアピールです。

見方を変えれば、仕事の内容に似ていないでしょうか。

企画書を書く、上司への報告書を書く、取引先に電話する、プレゼンテーションを

する、商談する……。どれも上司や同僚、顧客に対して、自社の製品やサービスがいかに素晴らしいか、どんなふうに役立つのかを「説得する」ためのものです。

答案もこれと同じです。採点者に対して、自分がいかにその分野について素養があるのかを「説得する」ために書くのです。仕事で培ってきた社会経験や実務経験が役に立たないわけがありません。

特に、論述試験や面接試験では有利に働くと思います。

③勉強時間が確保できる

働いていると、勉強時間が確保できないと思いがちです。では、時間がたっぷりあれば勉強するかというと、夏休みの宿題がいい例でしょう。人は時間がたっぷりあると、かえって何もできないのです。休日を何となく過ごしてしまった、何もしなかったと後悔した経験は、誰にでもあるはずです。

確かに、働いていると仕事以外の時間はなかなか取れません。ところが、「仕事が忙しい」「勉強する時間がない」という意識を持っていると、ちょっとした隙間の時間を活用しようとしたり、短い時間でもぐっと集中した有意義な時間を過ごすことができるようになります。また、「後でやろう」の「後」は永遠に訪れません。抱えている仕事の量が多く忙しい人ほど結果を残していることも、周りの仕事仲間を見れば感じ取れるのではないでしょうか。

働いているから「時間がない」。これは事実です。でも、だからこそ、「時間を生み出す」「時間を活用する」ことができるのです。

25 働いているから合格できる

難関資格合格者に共通する四つのポイント

資格の中でも、難関といわれる国家資格では合格まで何年もかかる人がいます。しかし、私も含めて、働きながら短期間で合格する人もいます。

日頃付き合いのある同業者、知人、友人など資格を持っている人で、働きながら短期間で合格した人に聞いてみたところ、こんな傾向が見えてきました。

①常に危機感や不安感を抱いていた

「何となく資格が欲しい」「資格があったら給料も高いだろうな」といったぬるい志望動機では、合格は絶対に無理です。

私が米国公認会計士の資格取得を考えたのも、バブル崩壊後、自分がリストラ対象者になるのではないかという危機感からでした。

「このままではいけない」という不安感や危機感を周りの環境から受け続けることで、「何としても合格したい」という強い動機付けが成立するのです。

②目標はできるだけ具体的に

目標を立てるときの禁句があります。

「いつか」「○○くらい」「できれば」の三つです。

目標は、勉強するときの羅針盤であり、ノルマであるべきです。絶対に合格するためには、絶対にやらなければならないことを確実にやることが求められます。曖昧な目標では、立てる意味がありません。

「○年後に必ず合格する」「電車に乗ったら、問題集を開く」「問題集は一日3ページ解く」など、具体的な行動や数字を入れて設定します。決めた以上は、必ず守ります。

③短期決戦

まさに私がそうなのですが、実現までにあまりにも時間がかかるような遠い目標だと、気持ちが途切れてしまいます。

試験の日程を考えると、今年は無理、今からだと5年後くらいなら何とか、など考えればいくらでも言い訳はできますが、ここは短期決戦で行きましょう。

高いモチベーションは、小さな成功体験から

何かやろうと思ったら、短期間でやり切ってしまわないと、モチベーションも続きません。後でいつか、と思っているうちに、目標そのものを忘れてしまいます。

一度こうだと決めたら、その勢いが消えないうちに、トップスピードのまま駆け抜けましょう。

④高いモチベーションを維持する

おそらく、これがいちばんの難関だと思います。モチベーションが高くないと、「働きながら勉強する」のはほとんど無理でしょう。

「一日くらいはやらなくてもいいや」「今日は忙しかったから」「働いているんだから」と、「働いていること」を勉強しないための言い訳にしてしまうからです。

モチベーションを維持し続けるにはどうしたらいいか。

答えは、前述した②の目標設定にあります。

「自分ができる目標を設定」し、その目標を「必ず達成するというプレッシャー」を自分に与え、「達成した成果を自分で確認」する。この繰り返しです。

例えば、「テキストの第2章を1時間以内に読む」という目標を設定します。簡単にはできないものの、頑張ればできそうな目標です。

1時間というプレッシャーを感じながら読んでいくと、達成できたかどうかの成果は1時間後に分かります。目標が達成できていれば、さらに次の1時間の目標を設定し、また取り組みます。こうして小さな目標を意識しながら、達成感を積み重ねることで、モチベーションを維持することができます。

人はつい、大きな目標、大きな達成感を求めたくなりますが、目標は大きければ大きいほど実体がなくなり、挫折する確率も高くなります。小さな目標を確実にやり遂げて得られる達成感や成果が多ければ多いほど、結果として大きな成果にたどり着けるのです。

26

「2年以内」に結果を出すと決める

期限を決めて勉強に集中する

資格試験を受けるとき、私は「2年以内に合格する」と決めています。「受験する」のではありません。「合格」です。絶対に受かる。その決意をすることが私の勉強のスタートです。

日本で米国公認会計士の資格を取得し、アメリカへ。幸い職にも恵まれ、私は専門家としてバリバリ働いていました。しかし、ビザの関係で長く働くのが難しかったため、再び新しい資格の取得を決意することになります。

取得するのは、日本の司法試験。目標は、「2年以内の合格」です。

決めたのは1997年の1月です。試験勉強はゼロからどころか、アメリカで働いていましたから、マイナスからのスタートです。予備校などはなく、独学しかありません。

文字通り、猛勉強を自分に課して、翌年5月に択一試験、7月の論述試験、そして10月の口述試験も無事終えて、最初に決めた「2年以内」の目標を達成しました。

最初の試験までは1年ちょっとしかありませんでしたから、もう1年先にしようかとも考えました。でも、初志貫徹《しょしかんてつ》で2年以内を貫きました。合格まで2年を超えることに、どうしても抵抗があったのです。

目標を「夢」で終わらせないために

私がなぜ短期合格にこだわるのかというと、長期目標というのは「夢」で終わってしまう確率が高いからです。

3年先、5年先と聞くと、どこか遠い未来の話のように感じませんか？　これは私の経験上ですが、人間が一つのことに集中していられるのはせいぜい1～2年が限度だと思います。よほど興味のあることでない限り、何年も集中して勉強し続けるのは無理です。そういう理由から、私は何としても2年で合格すると決めたのです。

それに、人には適性もあります。

いくら頑張って勉強しても、どうしても好きになれない、知識が身に付かない場合もあります。期限を切って努力して、駄目ならスパッと諦めて次に挑戦するのも悪いことではありません。「もう少し頑張れば」という気持ちも分かりますが、こうした仮定の話は、資格試験には当てはまらない場合もあるのです。

集中して勉強するにも、見切りをつけるにも、２年はちょうどいい時間といえるでしょう。

27 時間は区切る

「いつまでに」「何を」するか

朝、時間ギリギリに出社。そのまま会議に入り、続けて上司と打ち合わせ。午後までの書類をいくつか指示されて仕事にかかり、途中、ちょっとメールをチェックするつもりが、返事を書き始めたら意外に時間がかかってしまって、ランチはおにぎりだけ。それでもまだ指示された書類ができていない……。

あなたがこんな一日を過ごしているなら、勉強時間の確保は難しいでしょう。無理に時間を取ったとしても、今度は仕事が気になって集中できないと思います。仕事にも時間にも、ただただ追われているからです。

時間を効率的に使うには、「時間を区切る」という考え方を持つことです。
だらだらと同じ仕事を続けるのではなく、

- 時間を区切る
- 時間内で必ず終わらせる

と決めるのです。区切りと締め切りを意識するだけで、時間感覚は相当磨かれます。

終わりの時間を意識して、それまでの時間は集中する

まずは自分が今日、何をするべきか、いつまでに終わらせるか、を明確にします。
重要な案件が四つあったとしたら、「午前中に二つ、午後に二つやろう。A社の企画書は10時半まで、B社の見積もりは12時まで、午後はC、Dの案件を4時まではまとめてチェックをもらおう」と、仕事の内容を時間で区切るのです。

このとき、作業時間を予測して時間を区切り、時間内で絶対に終わらせるよう意識します。終わりの時間が明確だと、何としても終わらせようとする心理が働いて集中できるので、ムダな時間を過ごすことなく仕事に没頭できます。慣れないうちは、途中でチェックポイントを作って時間を確認するのもいいでしょう。

仕事は「何時までに」を意識する

○月○日

10時半まで　A社の企画書を作成

12時まで　B社の見積書を作成

13時〜15時　会議

16時半まで　C社でのプレゼン資料を上司に確認し、修正する

17時まで　D社からの提案資料を読み、返事をする

17時半まで　明日のスケジュールを確認し退社する

メールの返信や荷物の発送といったルーティンの仕事も、「3分以内」など目標タイムを設定する

メールのチェックも何時までとか、1通を3分以内など、目標タイムを決めて返信し、途中でも時間になったらやめて本来の仕事に戻ります。ルーティンの仕事も小まめに時間を区切ってスピードアップできれば、仕事が早く回るようになり、使える時間も増えるのです。

28 小さな時間のロスを見逃さない

悩んだり迷ったりする時間も、まとまれば大きな時間のロス

自分のお金が何もしていないのにどんどん減っているとしたら、どうしますか。当然、焦るでしょうし、これ以上減らないよう、あらゆる方法を考えると思います。

お金なら惜しい気がするのに、どうして時間だと気にならないのでしょうか。しかも、お金は取り戻すことも、もう一度増やすこともできるのに、1秒前にも戻れない時間をもったいないと考える人は、意外に少ないように思います。

どんなときも、誰にでもいえることですが、時間は意識しないとどんどん過ぎていきます。意識していない時間のロスほどムダなものはありません。

今日のランチは、牛丼にしようか、カレーライスにしようか、迷う。

社員食堂で安く上げようか、たまには専門店に行こうか、悩む。昼のメニューなんてと思われるかもしれませんが、一日5分悩んだとして、1年で約1200分、およそ20時間にもなります。

どちらにするか、何にするか。何かを選ぶ判断力は、日頃からのトレーニングで磨くことができます。自分の中の優先順位ができていれば、迷うことはありません。

優先順位で軸を決めれば迷わない

ランチならメニュー、値段、量、提供時間などが判断基準になります。この中で優先順位を決めておけばいい。例えば、私は食事に対してこだわりがないので、優先順位のトップは満腹感です。お腹がいっぱいになれば何でもかまいません。

この時間は勉強しようと決めていても、何となくやる気にならない。これも迷っている時間がもったいない。問題集を一日何ページは絶対にやると決めたのですから、絶対にやるのです。明日にしようかなと迷っているくらいなら、その日にやってしまった方がラクです。迷っている時間に終わってしまうかもしれないのです。

時間のロスをできるだけ排除するのが、効率的な時間の使い方です。短い時間だからと気にしないでいるのは、お金を捨てているのと同じです。

29 仕事に「優先順位」が必要なわけ

やるべき仕事は雑務の中に紛れている

「雑務」「雑用」と呼ばれる仕事があります。

資料整理、コピー取り、データ入力、報告書の作成、礼状執筆、精算など、キリがないどころか、業務時間のほとんどをこうした雑務の処理に費やしています。

新入社員が雑用係という会社もあるでしょうが、私のような会社のトップでさえ雑用からは逃れられません。

クライアントとの連絡や現在進行中の案件については、最終的にはトップである私に託されます。各チーム内のことはリーダーに任せていますが、そのリーダーの割り振りを決めるのは私です。一日何十通ものメール対応、各ミーティングへの出席なども重なって、本来「やるべき仕事」になかなか取りかかれません。

効率的に仕事をするには、こうした自分でやらなければならない小さな仕事、雑務をいかに滞りなく毎日消化することができるかにかかっています。やみくもに端から手を付けていては、期限に間に合わなかったり、やるべき仕事を見落としたり、必要以上に手間がかかることになりかねません。「優先順位」とは、その混乱を交通整理する信号なのです。

順位が決まれば、迷わず行動できる＝効率的

例えば、二つの打ち合わせが重なってしまいました。どちらかの時間を変更しなければなりません。ここで大事なのは、どちらかを赤か青か「決めてしまう」ことです。決断すれば、後は迷いなく進めます。

決めた理由がはっきりしていて、自分の中でブレなければ、どちらが赤でも青でも問題ありません。ただ、気分やノリでは判断しないこと、常に自分で決めた基準を守ることを続けていけばいいのです。

雑務だからといってやらなくていい仕事はありませんが、効率化を考えるなら、順位が決まっていた方がいい。迷うことが時間のムダなのです。

30 優先順位は「納期」「緊急度」で決める

仕事を「納期」➡「緊急度」の順に並べてみる

では、仕事の優先順位をどう決めるのか。

私は、まず「納期」を最優先します。

当たり前ですが、仕事は依頼された順番が、そのまま納期の順番になっているわけではありません。じっくり取り組むプロジェクト、超特急で依頼された企画などさまざまです。

常に「この仕事はいつまでにやらなければならないか」を意識するようにしています。そうすれば、仕事が重なってしまったとしても迷いなく「最初に取りかかるのは、納期がいちばん近い仕事」と判断することができます。

期限は待ってくれないので、いちばんシンプルで納得できる方法です。

ビジネスの場面では、「納期」が重なることも珍しくありません。その場合は、次に「緊急度」を見ます。

緊急度とは、言い換えれば必要性、あるいは重要性のことです。

例えば、私の場合、講演会と社内会議が重なったとしたら、申し訳ないですが講演会を優先させます。

どちらも大勢に迷惑をかけることになりますが、社内会議は自分で日程が調整ができますから緊急度は低いと判断できます。講演会は私にしかできない仕事であり、もしキャンセルをしたら次の機会がなくなるどころか、信用問題にもなりかねません。

仕事の質は落とさない

実際には、早いうちにスケジュールを調整して無理のない日程に振り替えます。しかし、そうした行動が取れるのは「納期」がきちんと頭に入っているからです。

ときには納期や緊急度で、優先順位がつけられないこともあるでしょう。そこまで行くと、自分で対応できる仕事のキャパシティはすでに超えているかもしれません。

仕事量やスケジュールの見直し、他部署との連携なども考えるべきです。

仕事の品質を一定のレベル以上に維持してこその優先順位だからです。

31 やるべきことを持ち越さない

「すぐにやる」からストレス知らず

私が仕事を進める上で意識しているのは、「やるべきことは、すぐにやる」ことです。今できそうなら、明日まで持ち続けていることはほとんどありません。その場で即、処理してしまいます。

たいした仕事でもないし急ぎでもないので、明日でいいやと思っても、急にトラブルがあるかもしれないし、忙しくなって時間が取れないかもしれません。不確定な未来を当てにするより、今やる方が確実です。困るのは結局、自分です。

例えば、メールがそうです。

私はメールチェックのためにまとまった時間を取るのではなく、届いたらすぐに開封するようにしています。仕事の依頼などは私が窓口になることが多いので、各スタッフに振り分けるにもチェックが必要だからです。

届いたらすぐに返信し、済んだらすぐに消去するので、受信ボックスに残っているのは、後で返事をするものだけ。それも確認次第、すぐに返信して消去します。

仕事に限らず、「～しなければならない」ことが多いと、ストレスになります。後でイライラするくらいなら、先にやった方がいい。できるだけ余計なことを抱え込まない方が、集中できます。

本も買った日からすぐに読む

勉強もそうです。私は、買った本は、その日のうちに読み始めます。読まなければというストレスを抱えていたくないのと、これまでの経験から、買ったときの強い衝動を逃すと、読まないでそのままになってしまうからです。

本は知識を吸収するための道具です。使わないと買った意味がありません。

その日にやることは必ずやり切る、後に残さない毎日を過ごすことは、悔いのない人生を送るためにも大切なことだと思っています。

32 学習プランは試験日を想定して立てる

合格する勉強法はここが違う

私のプランは、短期間での合格を見据えた内容になっています。そのため、通常の勉強法で推奨しているような、「基礎知識の習得→発展知識の習得→問題集で確認」といった流れにはなっていません。大きく違うのは次の3点です。

①試験科目は同時並行で勉強する

資格試験の受験科目は、だいたい4科目から6科目あるのが普通です。

学習プランを考えるとき、私は1科目ずつ勉強して仕上げていくというやり方――例えば、試験まであと1年半で6科目勉強しないといけない場合、1科目当たり3カ月ずつ勉強する――には賛成できません。

なぜなら他の科目を勉強している間に、３カ月かけて覚えた知識を忘れてしまうからです。１年以上前に覚えたことを、試験当日に思い出して解答できるのか疑問です。同じことを繰り返し勉強することで、記憶は定着していきます。どんなに科目数が多くても、すべて均等に同時進行で勉強しないと試験当日には役に立たないのです。

②特定の科目を後回しにしない

受験科目を一つずつ勉強していった場合、プラン通りに進まないと、勉強できなかった科目が積み残される可能性があります。配点が少ないならまだしも、勉強しなかった科目が致命傷になりかねません。

③試験直前まで基礎学習を引っ張らない

試験前になると、模擬試験や答案作成の講座が増えてきます。試験会場の雰囲気に慣れるのと全体の復習にもなるので、勉強の中心はこちらに絞ります。

プランを立てる際は、少し余裕を持たせることです。予定したことに追われるよりも、予定を追い抜いていく方がやる気も長続きします。

33 あれもこれもと欲張らない

仕事も勉強も、効率化のカギは「集中」すること

毎日同じように働いているつもりでも、効率よく仕事が進む日と、まったく集中できずに結局残業になってしまう日があります。

違いを調べてみると、仕事の内容に問題があるのではなく、他に原因があることが分かりました。

急な会議が入ったり、たまっていた精算をせかされたりして、そのとき取り組んでいることとは別のことを始めたときに、効率がガックリ下がっているのです。

その後、本来の業務に戻ろうとしても、一度切れた集中力はなかなか回復せず、効率は下がったままになるのです。

一つのことをきっちり終えないまま、次の新しいこと、別のことに手を出した結果、全部が中途半端になってしまったことが原因です。

繰り返し何度もやる、続ける

勉強も同じです。自分では毎日同じように勉強していても「やるべきこと」と「やり方」を徹底していないと成果に結び付きません。

資格試験なら、基本知識を身に付けることと、問題のパターンに慣れることです。過去問に取り組み、しかも、間違った問題を重点的に解いてみる。この繰り返しを続けます。

勉強は難しいことをやるわけではありません。

◎「やるべきこと」を洗い出し、早い段階で自分に適した「やり方」を見つける

◎一度決めたら、浮気をせずに徹底する

それが、過去問に始まり、過去問に終わるということです。

学習プランを立てる

34

試験まで18カ月という場合の考え方

プランを立てるには、年単位、半年単位、3カ月単位など、まずは大まかな長期プランを作り、そこから短期プランに細分化していきます。

私の勉強法は、過去問をベースとして実際の問題を解きながら学習を進めるので、学習のプランも最初から実践的に知識を習得していきます。

これは、試験まで1年半（18カ月）の長期プラン例です。

◎第1期（開始〜6カ月目）

基礎知識の習得をします。実際に出題された過去問の中でも、択一問題や○×式の選択問題を使います。問題を解くというより、解答や解説を読むことによって知識を深めます。

◎第2期（7カ月目～15カ月目）

より深い知識の習得や基礎知識の関連性などについて学びます。前期にやった過去問の選択問題に加え、論述問題にも取り組みます。

後半からは、答案の書き方についての勉強も始めます。

◎第3期（16カ月目～18カ月目）

試験直前の仕上げの時期です。予備校や専門学校での模擬試験や答案練習などを活用し、試験感覚をつかみます。

自分の弱点や苦手な分野について、しっかり復習もします。

ここから、さらに月単位のプランを立てていきます。

週単位のプランは月単位をだいたい4分割して作ります。休日に負荷がかかりすぎるのは挫折の元なので、少し余裕を持たせます。

最終的に、月単位の目標がクリアできるよう調整します。

試験本番まで1年半のカリキュラム（2018年6月受験の場合）

第1期（6カ月） 基礎知識の吸収

2017年1月～
2017年6月

- 択一問題や○×式問題を利用して、知識を習得
- 問題を解くよりも、解答や解説を読むことに時間を割く

↓

第2期（9カ月） 深い知識の習得

2017年7月～
2018年3月

- 選択問題や論述問題を使って知識を深める
- 答案の書き方についての勉強も始める

↓

第3期（3カ月） 試験直前の仕上げ

2018年4月～
2018年6月

- 模擬試験を利用して、試験本番の感覚をつかむ
- 答案練習を行う
- 弱点や苦手分野の復習を行う

↓

試験本番

35 睡眠時間は削らない

睡眠不足が続くと、脳は勝手に寝てしまう

勉強時間を捻出するために、睡眠時間を削る人がいます。誰にも迷惑がかからず、自分で使い方を選べる時間だからです。1〜2日くらいなら寝不足でも我慢できるでしょうが、試験に向けて2年間となると不可能です。何日も寝ないでいれば、脳がシャットダウン、つまり「眠くなる」のを止めることはできません。仮に続いたとしても、常に「眠い」状態での勉強にどれほどの効果があるでしょうか。

私は最低でも7時間、できれば一日8時間は眠らないと頭が働きません。睡眠不足の日は一日中調子が悪いままです。体は重いしだるいし、人と話すのも億劫です。通常なら30分もあればできる仕事が、倍以上かかっても満足した出来にはなりません。生

産性が悪い上に、そんな自分に嫌気が差してくるほどです。

勉強の質を上げるためにも、睡眠は十分に取る

勉強したい、でも睡眠時間は削らないために、資格試験の勉強中は、夜9時には寝て、朝5時起きの生活を続けました。早起きはつらいですが、睡眠は十分取れているので、クリアな頭で勉強に集中できます。

勉強量は「質×時間」で決まります。勉強にかける時間が多くても、質が悪ければ勉強量は増えません。働きながら勉強すると、勉強に割く時間は限られるので、内容重視の質の高い勉強を心がけるべきです。

寝ないで勉強するというと、ずいぶん頑張っているように聞こえますが、実際はその逆。勉強の妨げになる最悪の行為こそが、まさにこの「寝ないで勉強する」ことなのです。

36

勉強時間は「朝」に確保する

眠気に勝てない「夜型」の勉強生活

私はもともと完全な「夜型」人間でした。資格のための勉強を始めた頃は、仕事から帰って食事を済ませ、その後で机に向かっていました。何とか1~2時間は続いても、疲れもあってどうしても眠くなってしまいます。言うまでもなく、勉強の効率は上がりませんでした。

この「眠くなってしまう」弱点をどう克服するかが、働きながら勉強する最初の課題だったのです。

私の場合、睡眠時間は最低でも7時間は必要です。夜に勉強しても出社時間を遅らせることはできませんから、睡眠不足になります。眠いとぼんやりして仕事の効率が下がるので、定時には帰れません。帰宅が遅くなる、勉強する時間も遅くなる、寝るのが遅くなって……と悪循環になります。肝心の勉強もはかどりません。

そこで、思い切って「朝型」に生活を切り替えました。

文章にするとたったこれだけですが、自分としてはかなり頑張りました。

早朝からフルパワーで勉強する

夜型だった頃、「寝起きは頭がうまく働かない」と思い込んでいましたが、まったくの誤解だと分かりました。

起きてすぐは体がなかなか目覚めないだけで、脳は目が覚めた瞬間からフルパワーで働いてくれます。ウォームアップすら必要ありません。

私は毎朝5時に起きて、7時までの2時間を勉強時間のコアタイムに設定し、その日の勉強のノルマをこなすようにしました。

勉強後に仕事を始めると、脳がフルパワーのまま働いてくれるので、仕事にも全力で取り組むことができます。朝の時間にすべてできなくても、残業なしで帰れるので、夜の勉強は少しで済みます。

一日の生活パターンを決めてしまうと、体調がよくなり、精神的にも落ち着いてくるのを感じました。

勉強するには、まず寝ること。そして、朝早く起きること。合格した現在でも朝型を続けています。それほど手放すには惜しい習慣なのです。

37 朝型になる「儀式」を決める

出社前がプラチナタイム。3時間半は勉強する

123ページの表は、アメリカで司法試験の勉強をしていた頃の一日のスケジュールです。2年間続けました。

朝は5時に起きます。朝型になる最初の難関が、目が覚めてから起き上がるまで、でしょう。まずは、熱いシャワーを浴びます。私の目覚めの「儀式」です。これでスイッチがオンになるので欠かせません。

スッキリしたところで、身支度を整えて家を出ます。

まだ5時半。電車に乗って会社に向かいます。30分くらいはかかるので、最初の勉強を始めます。この時間だと余裕を持って座れるので、短い時間でも集中できます。

6時ごろ、駅に到着。近くのコーヒーショップに入ります。会社には9時ごろ出社

するので、それまでの約3時間が勉強時間です。その日のノルマに取り組みます。その後、コーヒーを買って出社。会社では勉強のことは一切考えず、仕事に集中します。昼休みを軽食程度で済ませるのも、残業しないで帰るためです。

18時に定時退社。家に帰ってからはフリータイムです。勉強は朝のうちにノルマ分は済ませているので、無理はしません。

21時～22時には就寝します。

生活のリズムは週末も変えない

週末も、できるだけ起床時間と就寝時間は守るようにしました。

「休みの日は寝だめする」という人もいますが、それでは平日にできた生活のリズムをわざわざ自分で崩す原因になります。疲れが抜けないなら、寝るよりも軽く体を動かしたり、半身浴などをした方がいいようです。


効率的な一日を過ごすために、次の行動に移る前には、自分なりの「儀式」を取り入れました。朝のシャワー、コーヒーショップでの勉強、仕事モードへの切り替えにコーヒーなど。決まった行動を繰り返すことで、朝型の生活が習慣になりました。

司法試験勉強中の1日のスケジュール

5時	起床、シャワー
5時半	電車で勉強
6時	
	コーヒーショップで勉強
9時	出社
12時	昼は軽食程度で済ませ、ノンストップで仕事
18時	定時に退社、電車で勉強
18時半	帰宅 勉強・運動・食事など
22時	就寝

38

想像力がないと、損をする

相手の反応を予測する「想像力」

企画の練り直し、取引先からのクレーム、部署内での孤立など、あまりうれしくない事案ばかりですが、共通することがあります。

相手が意図した内容を、「きちんと受けとめていれば起こらなかった」「防ぐことができた」かもしれないということです。

「想像力」が欠落していたのではないでしょうか。

「空気の読めない人」「想像力のない人」は、昔からいました。反応が薄い、企画の意図を取り違えている、理解したかどうか分からない人たちです。

仕事をしていてムダを感じるのは、同じことを何度も説明したり、一度やった仕事をやり直すことです。

「想像力」があれば、相手の反応をあらかじめ想像して、どんな対応をしたらいいのかを考えることができます。問題が起こる前に、早めに行動することもできます。

「想像力」がないことで、結局は自分がいちばん損をするのに気付いていないのです。一緒に仕事をするには本当に迷惑な話です。

意識するだけでも「想像力」は身に付く

想像力は、一朝一夕では身に付きません。日頃から、「相手の気持ちを考える」ようにするしかありません。上司や取引先、同僚や部下、後輩にも、どういうふうに話を伝え、どういう順番で説明すれば企画の意図が伝わりやすいのか、商品やサービスの満足度を上げられるのか、考え続けるのです。

自分でこうした意識を持たないまま過ごしていると、いつまで経っても分からないままです。「想像力を持とう」と思うだけでも世界は変わってきます。

電車に乗ったらスマホ。家に帰ったらテレビ。時間があればインターネットでサイトチェック。これでは、考えることを自分から放棄しているようなものです。まずは自分の頭で考えることから始めましょう。

39 家族・友人・恋人には目標を宣言して味方に付けよう

「恥ずかしい」から宣言しよう

家族や友人、恋人に対して、資格取得に挑戦することを伝えるべきかどうかは、とても悩むところです。いきなり合格証書を見せて驚かせるのは確かに格好はいいのですが、最短でも合格まで1～2年はかかります。勉強する時間を優先させることになるので、その間、一緒に過ごす時間は少なくなります。せっかく合格したとしても、家庭不和では何のために頑張ったのか分かりません。

もし、落ちたらと思うと恥ずかしいかもしれませんが、

「私は2年後に司法試験に合格して、弁護士になります！」

とみんなに宣言してしまいましょう。早い段階で、周囲を巻き込んでしまうのです。メリットは三つあります。

◎モチベーションがアップする

一度口に出してしまった以上、途中で「やめた！」とは言いにくいですし、受験して不合格では恥ずかしい。少しでも勉強を怠けていたら、容赦ない叱咤激励が飛んでくるでしょう。いやでも勉強に身が入るというものです。

◎協力してもらえる

勉強には厳しい反面、それ以外についてはサポートしてもらえるかもしれません。家族ならお弁当を作ってくれたり、試験に関する情報を集めてくれたり、仕事仲間なら模擬試験の日のシフトを変わってくれるかも。好意には素直に甘えましょう。

◎応援してくれる

「王様の耳はロバの耳」ではありませんが、合格まで2年も黙っているのは精神的にやはりつらいものです。途中で目標を先延ばししたり、ときには勉強を怠けたい日もあるでしょう。身近な家族や友人は、叱咤激励も含めて、とても大きな味方になってくれる存在です。有言実行ですべて吐き出して、勉強に集中しましょう。

40

全力で働いて、勉強時間を確保する

仕事をやり切ってこそ、勉強できる

働きながら資格試験の合格を目指すには、勉強時間を確保することが大事です。そのせいでしょうか、どうも仕事に身が入らない人が多いのを感じます。

「こんな仕事は早く終わらせて、勉強しなきゃ」「またつまらない仕事をさせやがって」「合格したらすぐに辞めてやる」など、頭の中の声が漏れてきそうです。仕事にやる気が出ないので、はかどらないし、残業になってしまう。結果として、勉強する時間が減ることに気付いていないのです。

勉強して早く資格を取りたい、ステップアップしたいと思うなら、まずは目の前の仕事に全力で取り組むことです。仕事を効率的に終わらせることが、勉強時間の確保につながります。

仕事に追われる締め切りギリギリの生活から、先回りして仕事を追いかけるようになる。仕事に本気で取り組むからこそ勉強もはかどるのです。

追われるから、追いかけるへ

仕事を追いかけるにはどうするかというと、

「仕事の内容を取捨選択する」→「優先順位をつける」→「早めの段取りを組む」

新しい業務に取りかかる前に、必ずこの流れに沿って内容を精査し、スケジュールを作ります。当然ですが、締め切り日は実際の納期よりも早めに設定します。あとは優先順位の高いものから順番に、確実に片付けていきます。

午前中や一日といった枠で考えず、この業務は30分で、これは45分など、細かい目標タイムを決めて取り組みます。時間を意識することで、仕事の精度も集中力もアップするからです。

自分で決めた設定時間を自分で守っていけるようになれば、仕事の積み残しはなくなります。仕事を追いかけるとは、自分との約束を果たすことなのです。

41 一人になる時間をつくる

ランチタイムを勉強時間に

勉強するためには、一人になる時間が必要です。仕事をしていると、なかなかその時間が取れません。通勤時間は貴重な勉強時間として私もかなり有効に使っていましたが、もう一つ、ランチタイムも一人なら勉強時間になります。

社内事情もあるでしょうが、できるだけ一人で食事することをお勧めします。特に外食の場合は、人と一緒だとペースを合わせたり話をしたりして、余計に時間がかかります。ところが一人なら早く食べて、その後の時間を勉強に使うことができます。

私は一人で食事するのが苦ではないので、文字通り「食べながら」勉強していました。せめて食事くらいと思われるかもしれませんが、1日30分あれば平日1週間で2・

5時間です。勉強に使わずに過ごすにはもったいない時間です。

出張には勉強道具を多めに持っていく

定期的に出張に行くという人もいるでしょう。

移動時間や先方での打ち合わせ時間などをうまく調整すれば、一人の時間はかなり確保できます。私がアメリカで仕事をしていたときも、出張を利用してずいぶん司法試験の勉強をしました。

持っていく勉強道具は、だいたい通常の約1・5倍くらい。日帰りの出張でも本を3冊は持っていきました。というのも気分が乗らなかったり、他の勉強をやりたいとき、時間が多く取れたので思った以上にはかどったときなど、多めに持っていれば何があっても対応できるからです。

あまり重くなりすぎては困りますが、環境が変わったり、静かなホテルにいることによって、思いのほか勉強がはかどるものです。

出張に限らず、一人で勉強する時間を確保すると同時に、いつも勉強する道具を持ち歩いていると、ムダな時間を過ごすことがなくなります。

42

「付き合い残業」には付き合わない

残業するのは、誰のため？

業務上やむを得ない「残業」は仕方がありません。しかし、まわりが仕事をしていて、早く帰るのは気が引けるからという理由で「付き合い残業」をしてはいないでしょうか。


「上司や先輩から、『私より早く帰るなんて』と嫌味を言われそうだから」

「自分はまだ実績を挙げていないので、罪滅ぼしに」

「人間関係をよくしておきたいから」

残業する理由を尋ねたところ、こうした声をよく聞きます。

上司や先輩が残っていたとしても、自分の仕事は終わっているのですから、「お先に失礼します」と言って帰ればいいのです。そんなに自信が持てないのでしょうか。私には、勉強しない言い訳を作っているようにも思えます。

仕事は業務時間できっぱり終わらせる

「私は仕事には全力で取り組んでいる。今日の業務もすべてやり切った」と思うことができれば、「周りに合わせて残業する必要はない」と自分で自分に言い切れます。

それができない、周囲を気にしてしまうのは、仕事に集中し切れていないため、自信が持てないのです。

当たり前のことですが、勉強する時間を確保するには、手を抜かずに一生懸命仕事をすること、自分でそう思えるまでやり切ることです。その自信があれば、外野の声は気になりません。

それでも抵抗があるなら、週1回「ノー残業デー」と決めて、何が何でも残業しない日を作って実行するのも一つの方法です。職場で「あいつは水曜日は早く帰るんだ」と認識されるようになれば、気兼ねなく帰ることができるでしょう。そのうち、賛同者が現れるかもしれません。

43

飲み会はクールにスルー

夜の付き合いにメリットはない

残業はやめられても、飲み会の誘いは断れないという人もいるでしょう。

社内での送別会・歓迎会・親睦会だけでなく、取引先との接待は仕事の延長とも位置付けられます。

私も日本とアメリカで何度も参加したことがあるので分かります。誘ってくる人たちに悪気はないのでしょうが、勉強する時間を奪われるので本当に困りました。

今ではほとんど参加しません。結局、夜の付き合いは、参加してもメリットをほとんど感じないからです。

「上司受けがいいから」「評価がアップするから」といいますが、酒席の評価ほど当てにならないものはありません。参加しないことで嫌味の一つくらいは言われるかもしれませんが、気にしないことです。

「社内の情報収集に役立つ」とはいえ、資格を取得してステップアップを目指しているのですから、社内の事情通になる必要はありません。それに普通に仕事をしていれば、大事な情報なら就業時間内に入ってきます。

「参加するのは3回に1回、一次会まで」をマイルールに

いきなりやめるのが難しいなら、夜の付き合いは最小限に抑えます。

- 誘われたら、3回に1回程度の参加にとどめる
- 参加しても、一次会だけで帰る

これなら、その日はそのまま早く寝て、翌日早めに起きて勉強できます。

「接待」の場合は、積極的にセッティングを引き受けて宴席のスタート時間を早めにすると、終わりの時間も早めることができます。

ときには友人からの誘いもあるでしょう。会社での行事と違って、勉強漬けの毎日の気晴らしにいいと思うかもしれませんが、やはり参加は3回に1回程度に。

短期間で合格するには、それくらい強い意思が必要だということです。本当の友人なら、合格後、盛大に祝ってくれます。

44

通勤時間を睡眠時間にしない。勉強する

ゲーム感覚で問題を解く

通勤時間は、毎日必ず確保できる一人だけの空間であり時間なので、勉強に活用しない手はありません。

まず、電車やバスなどの乗り物の中では、できるだけ座ります。出勤時間を早めたり、乗る駅を変える、各駅停車で行くなど調整してみてください。その分時間が余計にかかっても、勉強時間が増えると思えばいいのです。込み合った電車の中など、立ったままの状態と座ったときでは集中力がまったく違います。

勉強法も通勤時間を考慮して選びます。個人差やその日の体調にもよりますが、単調な勉強法だと眠くなってしまうからです。

私がよくやっていたのは、過去問です。中でも、四択問題や○×式、一問一答などは一問を解いて解説を読み終わるまでだいたい3分程度だったので、「次の駅までに一問解く」「また次の駅までに一問」と、電車と競争しているつもりで取り組みました。眠気を感じるヒマもなく、まさにゲーム感覚で勉強できました。

通勤時間の勉強では「テキストを読む」という漠然とした目標よりも、次に停車するまでに「問題を○問解く」とか、「本を○ページ読む」など、より具体的な目標の方が向いています。結果がすぐにチェックできることもポイントです。

勉強道具は「広げやすさ」を考慮する

電車の中は狭いのと混雑しているのとで、大きくて厚い本や問題集を広げるのは迷惑です。小さくて薄い問題集を選んだり、必要な箇所だけを持ち歩くなど、広げやすいものを選びます。勉強のやる気は意外とこんな細部に左右されるからです。

意外と記憶に残るのが、耳からの情報です。英語のヒアリングをしたり、読みたい本があったらオーディオブックで聞いて読む方法もあります。どうしても座れないとき、いつもの勉強法に飽きたときなどにはトライしてみてもいいと思います。

45

隙間時間を捨て時間にしない

隙間時間専用の勉強道具を準備する

乗ろうと思った電車が行ってしまった。次の電車が来るまで「5分」ある。駅のホームでの5分。スマホを取り出してニュースをチェックしますか。スケジュールの確認ですか。息抜きとばかりにゲームで時間をつぶしますか。

5分の隙間時間も、5日で25分、1カ月(4週間)なら100分=1時間40分。10分の隙間時間は、5日で50分、1カ月なら200分=3時間20分にもなります。たった5分でも10分でも、毎日ムダにせず少しでも積み重ねていけば、かなりの時間になることが分かります。

しかし、決まったときに決まった場所で生まれる時間ではないので、隙間時間用の勉強道具をあらかじめ準備しておく必要があります。

私は、第1章の13「問題集は破いてページ単位で持ち歩く」で紹介したように、いつも問題集をその日やる分だけ持ち歩いていました。いまならスマホや携帯電話で問題やテキストの一部を写真に撮っておくと、荷物にならず、片手でページをめくることもできるのでお勧めです。

会社の仕事も、隙間時間を使ってスピードアップ

会社での隙間時間の活用について、勉強ではなく、会社の仕事に充てるという考え方もあります。隙間といっても会社の就業時間内だからです。

打ち合わせの前後に隙間時間が発生しそうな日は、パソコン内に仕事に関するデータなどを入れておくと、どこにいても会社と同じ仕事ができます。また、急がないけどためたくない精算や報告書の作成などは、隙間時間に概略だけでも入力しておくと後がラクです。

隙間時間を勉強に使うか、仕事に使うかは自分次第ですが、いずれにしても事前の準備が必要です。時間の使い方だけでなく、準備についても手間のかからない方法を選択します。隙間時間の活用は、長く続けることに意味があるからです。

第3章

目標達成までやる気が続くモチベーション管理術

46 勉強するのが嫌になったら「自分の利益のため、豊かになるため」と唱える

誰のための、何のための勉強か

資格試験を受ける、絶対に合格すると決めて頑張ってはいても、勉強するのが嫌になるときがあります。

自分の成長が感じられないとき、忙しい毎日に疲れたとき。あるいは、仕事で認められたときには、この会社で今の仕事を極める方が自分に向いているのではないか、そう考えてしまうのも不思議ではありません。

私も会計士の仕事をしながら司法試験を目指していた頃は、忙しくてつぶれそうでした。仕事が集中して心身共に疲労困憊《こんぱい》の毎日なのに、休みを取ることもできません。給料も悪くなかったので、これ以上頑張るのは自分をいじめるようで、勉強を続ける

意味が見出せませんでした。会計士になれただけでもいいじゃないか。まだこれ以上、勉強しなければならないのか。何のために？

勉強するのはお金持ちになるため

当時通っていた夜間のロー・スクールの教授が、口癖のように話していたのをよく覚えています。

「勉強すれば豊かな生活が送れます。だからしっかり勉強しなさい」

勉強するのはお金のため、今よりやりがいのある仕事を手に入れるため、要するに「自分の利益」のためだと話してくれたのです。勉強しない生活の先にあるのは、よくて「現状維持」の未来です。それ以外は……考えたくもありません。

未来の自分はどうありたいか、どうなっているかということは、今の自分が作り上げるのです。勉強することが自分にとってどんな利益になるのか、やらないままではどんな結果が待っているのか、考えてみてください。

「誰でもない、自分の利益のため」に勉強する。すべてが自分に返ってくると思えば、頑張る気力が湧いてきます。

47

集中力が続かない

勉強する科目や勉強法を切り替える

波をとらえて、うまく乗り換える

効率的に勉強するには、集中力が必要になります。

でも、どんなに優秀な人でも、それほど長くは続きません。

一説では、人が集中できる時間というのは最大でも90分程度。それもずっと続くのではなく、15分くらいの間隔で集中力が高くなったり、低くなったりを繰り返すといわれています。ということは、この波の高いところを狙って、飽きないように工夫して勉強すればいいのです。


「同じタイプの勉強を続けない」

例えば、司法試験の場合なら、民法で勉強を始めたら、次は刑法の勉強に切り替えます。公認会計士の勉強なら、簿記や財務諸表についてまとめた後は、経営学の問題集を解きます。つまり、同じ科目をずっと勉強するのではなく、時間ごとに考え方や解き方が全然違う科目を勉強するということです。集中力が途切れそうなきっかけで刺激を与え、再び波を押し上げようというのです。

ちなみに、集中力が持続する平均は、15分の波を3回繰り返した45分くらいといわれます。隙間時間の勉強なら、この15分を目安にしてもいいかもしれません。

「一度に頑張りすぎない」

日曜日は8時間頑張った。でも、疲れてしまって、次の日も、またその次の日も問題集を開くこともしなかった……。これではせっかく覚えたこともさっぱり頭には残らないと思います。知識はコツコツと地道に続けることでしか定着しません。一度に頑張って進んだように思っても、その後が続かないと効果は出ないのです。

勉強すること、頑張ることが目的ではないはずです。

合格し、その後の人生を充実させるための勉強ですから、ときには要領よく、でも地道に続けていくことです。

48 やる気が出ない

リフレッシュ法をたくさん持っておく

自分だけの解決法を見つけよう

やる気が出ないとき、いちばんいい方法は「始めてしまうこと」です。この本でも迷っている時間がいちばんもったいないと何度もお話ししました。それでも、どうしても！　というときは机から離れて気分転換を図りましょう。

●仮眠を取る

やる気が出ないいちばんの原因は、「疲れ」です。眠気を感じるようなら、思い切って仮眠を取ります。ベッドに入らなくても、椅子に座ったまま15〜20分ほどウトウトするくらいでも効果があります。ただし、30分を超えるのは逆効果。私の経験では15分くらいがちょうどいいようです。

・休憩する

皆さんも休憩はしていると思いますが、休憩しすぎるのはよくありません。

1時間勉強したら10分休むなど、少し足りないくらいで勉強に戻ると、次の休憩まで集中することができます。

音楽を聞いたり、コーヒーを飲んで五感を刺激すると、気分もリフレッシュします。

・体を動かす

私は勉強の合間によくウォーキングをしていました。ストレッチや軽い体操、立ち上がって背伸びをするだけでも気分が変わってシャキッとします。

・場所を変える

集中力が切れてきたなと思ったら、私はソファに移動して寝っ転がって勉強していました。私にとっていちばん勉強がはかどる場所がソファの上なのです。

電車の中、コーヒーショップ、そして机、ソファと、私の場合は勉強場所をいくつも持つことで、飽きずに勉強に集中できました。ここなら集中して勉強できるとっておきの場所を見つけておくと、何か不測の事態が起こっても安心です。

49

落ち込んだり、不安を感じたら

視点を変えて自分を見てみよう

手当たり次第に本を読む

仕事に勉強にと忙しい毎日を過ごしていると、「このままでいいのか」「もしかしたら違う道があったのでは」と不安を感じることがあります。

身近に相談できる専門家や友人、知人がいて直接話ができればいいのでしょうが、そう都合よくはいかないものです。

「あ、来るな。落ち込みそうだな」と感じたら、私はすぐに書店に行くようにしています。今の悩みに関係がありそうな本を、手当たり次第に買って読むのです。一人で考えていても、解決策や名案は浮かぶものではありません。

書店は知識の宝庫です。明確な答えは見つからないかもしれませんが、ヒントくらいは転がっています。じっと考え込むのではなく、自分から答えを探しに行く、行動すると、だんだん気持ちも晴れていくものです。

今の自分と将来の自分をつなげて見る

同じ落ち込むのでも、「周りと比べて自分は……」という日もあります。私はあまり人のことは気にならない性格ですが、日本の司法試験を受験する際、貯金が底をつきかけたときはさすがに情けない気分でした。

だからといって、あのまま何もせず、資格の取得も考えず、会社に残っていた方がよかったとは思いませんでした。

「今」はいわゆる「負け組」にいるのかもしれない。でも、自分のキャリアを考えると、これから先の方が圧倒的に長い。そのキャリアに絶対に必要な資格の勉強をしているのだから、今の時点で勝ち負けを決めるのはムダなことだと気付いたのです。

誰かと比べて感じる不安は、「今」しか見えていないから生まれるのです。

比べるなら、過去の自分です。これからいくらでも挽回できます。短期的な視点にとらわれず、長期的な視点で自分の成長を感じてください。前へ進む力になります。

50 ストレスがたまってイライラする

ストレスは発散するより、元を断つ

ストレスは発散しても、消えない

仕事をしていて、ストレスを感じない人はいないでしょう。面倒な業務を押しつけられたり、人間関係がうまくいかなかったり、混雑した通勤電車に乗ることもストレスの一種です。私たちは日々ストレスの中で生活しています。

適度なストレスは、緊張感や集中力を高めるといったプラスの働きをしますが、仕事上のストレスはほとんどがやる気を奪うマイナス要因にしかなりません。それに、ストレス発散と称して飲み会でグチを言い合うのは、現実逃避にすぎないのです。

ストレスは発散するのではなく、解消しなければ永遠になくなりません。

「それができたら苦労はしない」といいますが、不満を抱えながら過ごすこと自体がストレスになります。原因を見極め、取り除くしかありません。

ストレスの原因に正面から向き合う

私はストレスに弱い人の方が、ストレスの元を断つのがうまいのではないかと思っています。

世の中の発明品なども、ストレスに感じていたものを何とか解消したいと考えて、生まれたものが少なくありません。例えば、黒い消しゴム。普通の消しゴムは使っているうちに汚れるのが嫌という声から、最初から黒い色をした消しゴムが誕生しました。「嫌だ」「イライラする」「面倒」といった負の感情を力に変えて、どうしたらストレスから逃れられるか、真剣に考えた結果だと思います。

例えば、「上司のやり方が好きになれない」というストレスの原因が、上司が現場の実状を知らないからと分かれば、説明をして理解を得られるかもしれません。「何となく嫌」と避けるのではなく、お互いに話し、ストレスの原因を探ってみる努力が必要です。分かれば解決に向かって行動できます。

ストレスの原因を見ようとせず、ただ嫌だと思っているのは時間とお金、やる気を浪費するだけです。ストレス発散ではなく、解消するために行動してください。

51

ついグチを言ってしまう

プラス思考で行こう

言葉には力がある

前の晩、あなたの睡眠時間は5時間だったとします。
この事実を、あなたはどう考えるでしょうか。

「昨日は5時間しか眠れなかった」
「昨日は5時間も眠れた」

声に出して読んでみると、よく分かると思います。
肯定的な言葉は、人を元気にする力があると思いませんか。

人は常に言葉によって考え、言葉によって自分の意思を伝えています。

成功者といわれる人たちは、常に「こうありたい」と思う理想の姿を心の中に描き、「必ずなれる」と確信し、「成功している自分」を感じながら日々を過ごします。

思いが強ければ強いほど、夢は夢ではなく、現実のものになっていきます。

絶対に実現させるという強い自信が無意識のうちにモチベーションを高め、その通りの結果をもたらすのです。

プラス思考が将来へ導いてくれる

もしも、彼らが日頃から否定的だったり、悲観的な言葉で考え、それを声に出していたとしたら？

私なら、近くに寄りたくもありません。おそらく周囲の賛同は得られず、成功するのは難しかったと思います。「こうなりたくない」「きっと失敗する」という後ろ向きの言葉にも、無意識に人を引き寄せる力があるからです。

いつもプラス思考の言葉を使い、プラス思考の自分を心がけましょう。ささいなことかもしれませんが、私自身もその価値を実感しています。

52

誘われたら、なかなか断れない

行かないと決めたら行かない

マイルールはかなり厳しく設定する

本当に目標を達成したいと思うなら、ある程度の割り切りも必要です。司法試験のような難関といわれる資格を取得するにしても、私は目標を2年以内に設定するべきだと言いました。短く限られた時間の中で合格するには、それまでの生活をそのまま続けていては、勉強する時間を確保することはできません。

私は資格試験の勉強を始めてからは、まったくといっていいほど飲み会などには参加しなくなりました。そこに時間とお金をかける必要性を感じなくなったからです。

よく酒席での人間関係は大事とか、仕事のやり方や本音が聞けるといいますが、大いに疑問です。お酒の力を借りなくても、きちんと仕事をしていれば信頼関係も友好関係も築けます。

私の場合は、勉強するために、飲み会には参加しないことに決めました。これは私のマイルールなので、誰にでも当てはまるわけではありません。

ただ、本当に目標を達成したいなら、何かを捨てる覚悟も必要だと思うのです。

決めたら、ブレない

「残業はしない」「休日は8時間以上勉強する」「マンガは買わない」など極端に思うかもしれませんが、長い人生の中で合格するまでの期間に限ったことと割り切れば、難しいことではありません。逆に、それくらいなりふり構わず勉強に集中してようやく合格できるくらいの目標に、自分は今挑戦していると覚悟してほしいのです。

誘惑するものはたくさんあります。断ると、気まずい思いをするかもしれません。それでも、自分で目標を達成すると決めたのなら、マイルールは守るべきです。迷うのは、目標への執着がそれほど大きくない証です。

決めたらブレない。自分への約束がいちばん難しいのかもしれません。

53

スランプを感じたら

思い切って勉強法を変えてみる

成長は一直線には進まない

学習曲線というのがあります。練習量と成長度合いの関係を表す曲線です。力をためる「準備期」と、ぐんぐん上達する「発展期」を交互に繰り返しながら伸びるのですが、その間に高原期という「停滞期」を必ず経験しなければなりません。

スランプというのは、この停滞期のことです。階段でいえば、踊り場のようなもの。ここを超えないと、次の段階には進めません。

もどかしいのは、努力の大きさと成長度合いが比例しないことです。何が悪いのか原因が分かれば対策も打てますが、理由がさっぱり分からないから困るのです。

努力と学力の関係

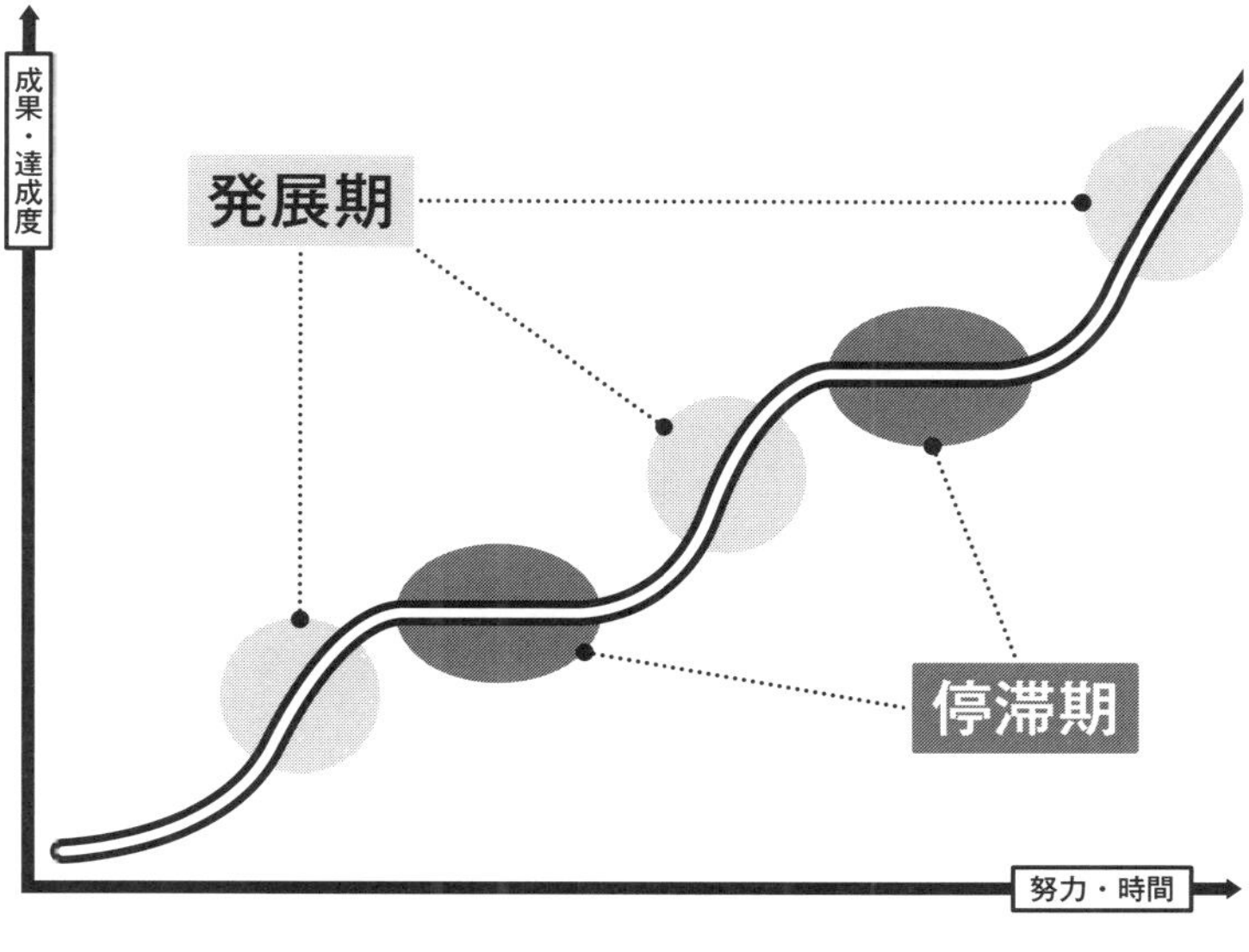

**学習曲線は一直線で右肩上がりしているわけではない。
停滞期には不安な気持ちが大きくなるが、
乗り越えれば発展期が待っている。**

変化を楽しもう

自分は今、スランプなのではないか。

そう感じたら、すぐに勉強のやり方、方法を変えてみましょう。

環境を変える、勉強道具を変える、問題集を変えるなど要素はいくらでもあります。

慣れ親しんだものに、少し刺激を与えるのです。


学習曲線の停滞期など不要なものに思えますが、準備期に覚えた知識を整理したり、知識同士を結びつけたり、次の段階に進むための地ならしをしていると考えられています。不要なものではないのです。


そのまま新しい方法がうまくいけばそれでもいいですし、やはり元のやり方がいいと分かれば、元に戻せばいいのです。

スランプを感じるのはつらいことですが、誰でも一度は経験するものです。

むしろ、ある程度勉強したからこそぶつかる壁だと思って、めげないで勉強を続けてください。

また失敗してしまった

「失敗帳」を作って二度と繰り返さない

54

ミスを忘れないために「失敗帳」を書く

失敗はゼロにすることはできません。仕事の上でもそうです。人は失敗しながら仕事を覚え、実績を重ねていきます。ただし、二度目は駄目です。同じ失敗は二度と繰り返さないのがビジネスの鉄則です。

ところが、残念なことに、人は忘れっぽい生き物でもあります。失敗をしたその日からしばらくは反省しても、そのうち失敗したことさえ忘れてしまうのです。

私は、自分の失敗を書き留めた「失敗帳」を作っています。

どんな失敗をしたか、その原因は何か、どう対応したのかをまとめておくのです。それも失敗したらできるだけ早くです。失敗帳を見返すことで、自分はどんなときにどんな失敗をしやすいのかが分かるので、次のミスの予防につながります。原因を徹底的に検証しないと、同じ間違いをする可能性が高いのです。

「失敗帳」は見返すことに価値がある

失敗すると「自分は悪くない」「あの人のせいだ」「忙しかったから」と自己弁護したり、責任をよそに押しつけたくなりますが、次に同じ失敗をしないためには、原因を冷静に分析した方が賢明であり、効率的です。

失敗を振り返り、反省するスピードが遅い人は、学習するスピードも遅いものです。何でも先延ばしするのがクセになってしまっているので、勉強の効率も改善することがないからです。

小さなノートを作ったり、手帳に書き留めたり、パソコンのファイルに入れたりと、形態は何でもかまいません。失敗帳は何度も読み返して頭にたたき込むことで、効力を発揮します。

同じ失敗を繰り返すくらいムダなことはありません。精神的にも最悪です。

55 もう駄目かもしれない

「損切り」でロスは最小限に抑える

損して得を取るのが「損切り」

持っている株の価値が下がってきたとき、損失を最小限に抑えるためすぐに売ってしまうことを「損切り」（ロスカット）といいます。株式用語の一つです。ある程度は損をしてしまいますが、それ以上の拡大を防ぐのと、次の新しい投資への転換を図ることができます。

私は勉強においても、この損切りの考えを取り入れています。

例えば、資格試験の問題集。「問題数が多く、受験生に好評です」という評判を聞いて選んでみたものの、実際にやってみたら自分にはどうも合わない。私ならその問題集はすぐに捨てて、新しい問題集を購入します。

割と高かったし、評判もいいから頑張って最後まで解いてみよう、とは思いません。合わないのを我慢して問題を解いていっても、イライラする気持ちの方が強いので身にならないのが分かるからです。

お金は捨てても、「時間」は捨てない

今なら、本を買ったお金だけを捨てることになります。もったいないですが、合わないのですから仕方ありません。

しかし、本の元を取ることにこだわっていると、本を買ったお金に加えて、せっかくの時間も捨てることになります。

働きながら資格取得を目指すには、勉強する時間の確保がいちばん難しい問題です。ムダなことに時間を浪費したくはありません。貴重な時間を、自分に合わない問題集をこなすために浪費するくらいなら、お金をかけて買った本を捨てた方がまだましです。どんなお金持ちでも、時間を買い戻すことはできないのです。

損切りは、時期を見誤っては意味がありません。早めに判断すれば、損失も最小限で済みます。

56 モチベーションが維持できない

小さな達成感を積み重ねよう

「小さな」ノルマで「小さな」達成感を「たくさん」

働きながら資格試験の合格を目指すとき、いちばんの壁は「勉強を続けるモチベーションをいかに維持し続けるか」でしょう。これさえ突破できれば、時間のやりくりも勉強についての悩みも、何とか乗り越えることができます。

「できた」「分かった」という達成感は、勉強の醍醐味であり、快感です。この達成感を積み重ねていけば、次に「また、頑張ろう」と思えるモチベーションになってくれます。

ポイントとなるのは、「小さな」達成感を「たくさん」ということです。難しい問題をクリアしたときは、大きな達成感を得られます。しかし、勉強を始めてまだ間がないと、解くまでに時間がかかり、その揚げ句にできなかったというダブルの残念な結果になりかねません。

ゲーム感覚なら勉強も楽しい

小さな達成感は、ノルマの設定次第でいくらでも生み出すことができます。

私は通勤時間の電車の中では、もっぱら時間と闘いながら問題を解いていました。ノルマは小さくても、目標が具体的なのでやりがいがあります。

「次の駅までに2問解こう」「乗り換えの間にクイズ問題を5問解こう」など、細かく具体的に問題数まで設定し、クリアしていきました。ドアの開閉で手間取ったりすると、時間が増えてうれしかったりしたものです。

ゲーム感覚で楽しんだのもよかったと思います。おかげで、受験直前まで繰り返し取り組むことができました。

あくまで目標は控えめに。難易度と数のバランスをうまく調整しながら、ノルマを決めてみてください。

57 日によって頑張りにムラがある

スケジュールは前倒しで

「熱意」や「根性」だけで勉強は続かない

とにかく頑張る人がいます。問題集を買い込み、試験までのスケジュールを綿密に練り上げ、何としてでも守り抜こうとします。順調に進んでいるうちはいいのですが、ときには勉強よりも優先させなければならないこともあります。体調を崩して、まったく勉強が手に付かない日もあるでしょう。

予定していた勉強ができないときはどうするか。

頑張る人というのは、そうした不測の事態をすべてを自分の意志の強さと体力でカバーしようとします。

口癖は、「とにかく頑張る」「寝ないで仕上げる」「できるまでやめない」。

いくら熱意や根性があっても、合格まで最短でも2年あります。根性で乗り切るには長い2年です。それに、試験に合格した後こそが本番なのに、その前に燃え尽きてしまいそうです。

一日の勉強量の目安は「明日の分までできる」くらい

細かいスケジュールは明日やることだけ決める、というのは、時間的なことだけではありません。精神的にも「余裕」を持ってほしいからです。

「余裕」のある勉強量の目安は「今日の分が終わった後、さらに明日の分の勉強も少しできるかどうか」。目標の前倒しが一度できれば、次からは余裕を持ったスケジュールでスタートができます。少しずつ順送りに前倒しできる「好循環」になるからです。

勉強をつらい修業にしてはいけません。「ラクだからスイスイ進む」→「進むから楽しい」→「楽しいからもっと勉強したい！」という「好循環」ができれば、気力だけで勉強する必要もなくなります。

勉強が進まない原因の所在を自分に限定せず、スケジュールや問題集など他に問題がないか、広い観点から見直してください。

58 仕事と勉強の両立に悩んだら①

仕事の手は抜かない

社会人の勉強は「仕事ありき」

仕事をしながら資格試験の勉強を続けていると、考え方のベースが仕事ではなく、「勉強」になることがあります。

例えば、

- 勉強したいから、仕事を少しでも早く終わらせたい
- 勉強したいから、面倒な仕事は引き受けたくない
- 勉強したいから、職場の人とは付き合わない

という発想です。

勉強に賭けているのは分かりますが、私の経験上、逆効果だと思います。仕事がきちんとできない間は、勉強も進みません。仕事をしていても勉強中でも、常にどちら

かを気にすることになるので集中できないのです。

まずは「仕事ありき」です。社会人なら当然です。仕事に全力を注いだ後、気持ちを切り替えて勉強に集中します。そのために仕事を効率化することが大事なのです。

できるだけ一度で処理する

私が心がけているのは、「後回しにしない」ということ。メールなどすぐに処理できるものは、その場ですぐに返信します。後にすると、もう一度同じメールを読み直して判断することになるので、手間が2倍に増えるのです。

毎日のことですから、時間を意識して、なるべく手間はかけないようにします。

また、終わった仕事は雑に扱いがちですが、次の仕事で役立つこともあります。一つの仕事が終わったら、すぐにファイル整理や精算なども済ませましょう。

新しい仕事を受けたとき、過去の仕事が参考になることもあります。同じことを最初から考えるムダがなくなります。

59 仕事と勉強の両立に悩んだら②

ビジネス感覚を「勉強」や「試験」で生かす

社会人の強みは、社会常識、実務感覚があること

勉強していると、専門用語がなかなか覚えられないといった記憶力の低下を痛感するかもしれません。社会人になってからの勉強は、若い頃とは違って困難な面もありますが、学生たちにはない強みがあるのを忘れています。

社会人として、ビジネスマンとして積み重ねてきたこれまでの経験です。社会常識や実務感覚を身に付けていることです。

資格試験で求められるのは、実務家として独り立ちするための基本的な知識であって、知識量ではありません。社会人なら皆、さまざまな無理難題を押し付けられ、解決してきたベテランです。その経験を使わない手はありません。

知識から類推すれば、自ずと答えは出る

数学の試験で説明すると分かりやすいかもしれません。

若い学生たちは、公式を丸暗記して試験に臨みます。数字を当てはめればいいので問題はすぐに解けるでしょう。でも、少しアレンジしてあったり、ど忘れしてしまったらまるでお手上げです。

社会人の場合は、公式を覚えるのではなく、公式を導き出す方法を知っているのです。答えを出すのに少し時間はかかりますが、事前の丸暗記は必要ないし、どんな問題が出ても柔軟に対応できます。

社会人で仕事をしていることのマイナス面だけを探さないことです。

60 仕事と勉強の両立に悩んだら③

試験勉強のつもりで、仕事に臨もう

論文対策は「読み手」の目線を意識して書く

企画書、上司への報告書、顧客への提案書などは、仕事をしていれば日常的に扱う文書です。自分が書きたい文章を書くのではなく、自社の製品やサービスがいかに素晴らしいかを「読み手」を説得するために書くものです。

論文試験も目的は同じです。問題に対して、自分の思いを書くのではなく、相手の気持ちを考えながら書きます。論文は、仕事で企画書を書くように書けばいいのです。

まず、結論を明確に書きます。次に、読み手をどう説得するか、考えながらまとめます。採点者はたくさんの答案を見ますから、具体例を挙げて、順序立てて、分かりやすく。自社と他社との違いを「比較」しながら説明すると、論理の流れに沿うので説得力が増します。

面接試験(口述試験)は場数が多い者勝ち

面接では、知識があっても正確に説明できないと合格にはなりません。

その点、会社で営業や渉外業務を経験した人は有利です。どう説明すれば顧客が納得してくれるのか、実践的な練習をしていたのと同じだからです。また、人に与える印象がいいので、ポイントも高いと思います。

営業の中には、電話やメールでのセールスが中心という人もいます。

直接顧客に会う人よりも、顔が見えない分、こちらで鍛えられた人の方が意思伝達力が磨かれます。相手がどのような情報を知りたがっているのかを、素早く的確に察知する訓練をしているようなものだからです。

講演会やセミナーではまとめ方を学ぶ

仕事の関係で講演会、勉強会、セミナーへ出席することがあると思います。会社や上司から言われて行くケースでは退屈な時間かもしれませんが、ここでも面接試験に向けて参考になることがあります。

魅力的な話をする講師からは、話し方や説明の仕方が参考になります。また、セミナーで配られる資料・レジュメからは、要領よくまとめる技術が習得できます。

貪欲に学ぼうという姿勢があれば、働いていることは、このようにプラスになることが多いのです。

こう考えていくと、仕事に手を抜かず、ていねいに真摯《しんし》に向き合うことは、実は試験勉強にもつながっていることが分かります。それに、こうしたスキルは合格後は実務として役立ちます。

これは仕事、これは勉強と分けて考えず、共にスキルアップを目指して頑張りましょう。働きながら勉強するのは大変ですが、メリットがあることも覚えておいてください。

第4章

資格を取る理由と資格の選び方

61

資格の取得で、未来の生き方を変えていく

資格取得で、何もない自分から特別な自分を目指す

今でこそ資格取得についての本を何冊も書くようになりましたが、就職してしばらくの間、私は本当に何も考えていませんでした。金融や経済に少し興味があったこと、転勤がないという理由で外資系の銀行を選んだくらいです。

ところが、時代はちょうどバブル崩壊期ということもあり、入社してすぐにリストラがスタート。先輩社員がどんどんいなくなる現実を突きつけられました。

そこでようやく気付いたのが、自分には「何の取り柄もない」ことでした。

入社して1年。まだ何の知識も技術も、会社が私を必要だと思ってくれるような能力は何もない。ということは、リストラされるかもしれない。食べていけるだけの何

かを準備しておく必要がある。その何かが「資格」なのだと思いました。

自分だけの「切り札」を持とう

資格を考え始めたのは、入社して9カ月後、研修で経理部に配属されてからです。私の上司は「経理部長」の肩書きと、「税理士」資格を持っていました。社内のスペシャリストであると同時に、社外のどんな会社に行っても通用する「武器」を持っていたのです。リストラが進む中、他の社員と違って私の上司だけは余裕があるように見えました。「資格があれば、将来への不安がなくなるのではないだろうか」と思うようになり、「よし、自分も資格を取ろう」という気持ちになっていきました。

資格とは、私にとって一種の保険であり、将来への希望だったのです。

そんなとき、たまたま新聞で見つけたのが「米国公認会計士」の資格でした。説明会実施の小さな広告でしたが、そこで仕事の内容、試験の概要を知り、自分に合う資格だと思って受験を決めました。今の私はそこから始まっています。

「資格」といっても、どんな資格を選ぶのかで将来は大きく変わります。人によって選び方の基準は違うでしょうが、私なりの考えをこれから紹介していきましょう。

62

「好き」「興味がある」資格なら頑張りが利く

その資格と長く付き合う覚悟はあるか

資格を選ぶ際の基本は「好きか、嫌いか」「興味があるか、ないか」の二つだと思います。

もし、好きでもない、興味もない資格を取得して仕事に選んだとしたら、将来的に「仕事」として続けていくのは苦痛ではないでしょうか。

私は電気機器の操作が苦手で、マニュアルを読んでもうまく操作できません。資格を考えたとき、電気技術系の資格は好きでも興味があるわけでもないので諦めたというか、無理だと思って最初から除外しました。好きでもない仕事を生涯続けていく覚悟は、私にはありません。

資格を選ぶ際には、「その資格を仕事にどう生かしていくのか」「どうやってお金を稼いでいくのか」まで考える必要があります。

好きではない資格の取得に向けて頑張ることはできても、「仕事」になったときに自分のモチベーションを維持し続けることができるか、お金のためと割り切れるかどうかは疑問です。あまり好きではなかったけど、やってみたら面白かったという人もいるでしょうが、せっかく合格しても仕事に結び付かないようでは、単なる趣味にすぎないからです。

「好き」には力がある

試験に向かって勉強するときも、合格してからも、「好き」は力になります。飽きない、続けられる、頑張りのもとになる、うまくいけばうれしいなど、自分の能力を存分に発揮できる可能性が高いからです。逆に、好きではない場合は、まずほとんどの人が試験勉強の段階で挫折します。そもそも関心がないのですから、集中できないのです。

「好き」「興味がある」ことは直感に近く、理由が論理的に説明できないだけに揺るぎません。最初は難しく考えず、「好き」を軸に考えてみてください。

63

資格が自分に「向く・向かない」は人に聞く

まったく興味がなかった業務が、いまや天職に

私は今でこそ、弁護士や公認会計士の資格を取って仕事をしていますが、学生時代から社会人になってもしばらくは、法律も会計もまったく興味がありませんでした。

ところが、ある上司との出会いから考えが変わりました。

たまたま振られた仕事が、固定資産と減価償却費の数字を合わせるという、とても面倒なものでした。試行錯誤の結果、何とか数字を合わせて提出したら、

「才能のない人間は何時間やっても数字を合わせることはできない」

と言われました。何気なく発言したのだと思いますが、私は「どうやら自分は経理の才能があるらしい、向いている」のだと受け止めました。当時は簿記の知識もゼロ

でしたから、意外な発見でした。

その後、米国公認会計士の資格を取得してアメリカで働くようになったのも、上司からのこの一言が私を後押ししてくれたと思います。

幸いなことに、どうやら私は向いている資格を選んで勉強し、合格。今の仕事につながっているのです。

客観的な判断は、他人に限る

取得する資格を選ぶのに、「好き」や「興味がある」のは大切なことです。勉強を続けるモチベーションに必ずなっていくからです。

しかし、好きだから適性があるとは限らないのも事実です。逆に、興味はないけれど、適性がある場合もあります。このことは自分では気付かないのです。

人は自分をなかなか客観視できません。どんな資格が自分に「向いている」と思うのか、人の意見を聞いてみましょう。先生、先輩、後輩、同僚、友人、彼女や彼氏など、自分の適性を知る上で参考になることは多いと思います。

人から勧められたら、とりあえず選択肢の中に入れておくことをお勧めします。

64

これまでの社会人経験を生かして資格を選ぶ

自分の「専門分野」を持つということ

この本の中で、資格の取得は入口にすぎないと何度も言いました。資格を生かした仕事を続けていくためには、他の同業者と差別化できるかどうか。どうやって、自分にしかできない「オリジナルの強み」「付加価値」を持つことができるかがカギとなります。

それが、「専門分野を持つ」ということです。

例えば、証券会社で働いていた人が弁護士の資格を取ったとすると、証券、株式、金融の各分野に詳しい弁護士となります。実務経験があるので、ゼロからスタートした弁護士や会計士よりも、クライアントの実状に沿った提案や問題解決を図ることができます。

「これまでの経験」という財産を見直す

専門分野があったとしても、その分野だけで仕事が増えるわけではありません。

一度つながりができると、次の案件がその専門外であっても、一度頼んだ関係があるため、もう一度聞いてみよう、もしできそうならまとめてお願いしようということになります。

結果的に仕事の幅が広がっていくのです。

資格の取得を考えたとき、今の仕事の延長線上にあり、これまでの経験がそのまますぐに生かせる資格と、まったく異なる分野の未経験の資格があります。どちらを選んでも、社会人として働いた経験は決してムダにはなりません。ただ、専門分野を持つという点においては、働いた経験を生かせる分野の方が得かもしれません。

65

35歳以上なら「独立・開業」をにらんで資格を選ぶ

35歳までの資格選びは、今のキャリアを生かす

転職業界では、長く「35歳限界説」が主流となっています。少子・高齢化問題を受け、雇用年齢は上がり続けると予想されていますが、30代半ばが一つの目安になる実情はしばらく変わりそうもありません。

ある分野でそれなりのキャリアを積んだ人なら、35歳を超えてもさらに上を目指した転職は十分可能です。それまでの経歴や実績がプラスになります。

しかし、まったく異なる分野への転職は厳しいと思います。

つまり、資格の取得を考えたとき、何歳で合格するか、その年齢によって、選ぶ資格を考えた方がいいということです。資格の取得においても、「35歳」は考慮すべき年齢なのです。

もし、あなたが今30代半ば過ぎで、転職を考えた上での資格を選ぶなら、今の仕事の延長線上にある資格を選ぶのが賢明でしょう。今のキャリアがそのまま実績となり、さらに資格が加わってプラスの評価になるからです。

35歳過ぎなら、思い切って独立開業できる資格を目指す

まったく異なる分野の資格を取得し、転職を考えているなら、思い切って「独立・開業」できる資格を選ぶのがいいと思います。

転職ではネックとなる年齢も、独立・開業の場合は、人生経験という観点から見ればプラスに作用するともいえるのです。

私の場合も、企業で働いた就業経験があったので、資格の取得後、早い段階で弁護士として独立できたと思います。起業から事務所の経営、クライアントとの接し方など、社会人としての経験がなければ、まるで分からなかったと思います。

66 とりあえず始めてしまう。修正は後でもできる

知識をより広く深くするために、資格取得を利用する

今は日本で弁護士の仕事をしていますが、実は弁護士になってからも1年に一度くらいのペースで新しい資格を取得しています。

資格マニアとか、勉強が趣味ではありません。弁護士業は本当に忙しく、またやりがいのある仕事です。ところが、仕事をしている途中や、ある資格の勉強をしていると、自分にはまだ足りない知識があること、もっと知りたい、知識を深めたいという欲求が湧き上がってきます。その思いが強くなって新しい資格に挑戦しているのです。

例えば、「公認内部監査人（ＣＩＡ）」という資格があります。これは２００８年４月から「金融商品取引法」が改正され、上場企業の監査が強化されることが分かって

いたので、事前に知識を付けておこうと思い、2006年に取得しました。

一つの資格からキャリアはさらに広がっていく

この資格の勉強をしているときに、「公認金融監査人（CFSA）」という「公認内部監査人」よりも専門的な資格があることを知ります。

資格試験の内容は前の試験の延長になるため、CIAを取得して間がないこともあって、効率的に勉強ができると思いました。関連性があるなら時間を置かずに勉強した方が、合格率は高くなります。翌2007年に、こちらも無事取得しました。

ある得意分野を身に付けると、そこを起点として次々に得意分野が広がっていきます。その結果、仕事の幅も広がるのです。

ためらう時間があるなら、次の資格取得を目指してみましょう。最初の一歩は軽く、早く。ためらわずに挑戦することで、今の知識も深まります。

ただし、受験を決めたら、試験の時期と目標を常に意識してやり切ってください。働きながら勉強するコツは、もう知っているはずです。

おわりに

実に多くの人が、「学生時代にもっと勉強しておけばよかった」「若い頃にもっと勉強しておけばよかった」と口にします。

本書を読んでくださった方の中には、こんな方がいるのではないでしょうか。

10代の頃、頑張って受験勉強をして、大学に入学しました。入学後は受験勉強の反動でほとんど勉強はせず、ただ毎日を何となく過ごしてしまいました。

周囲には、大学入学直後にもかかわらず早速資格や検定試験に向けて勉強を始めている同級生もいましたが、あなたはそんな人を見て、「つらいばかりなのに、何でこんなに必死に勉強しているんだろう。何が楽しいんだろう」と思っていたはずです。

学生生活はあっという間に過ぎ去り、勉強をしていた学生は、難関資格を手にして就職します。あなたも何となく就職して、この時点では資格を持っている人との差をさほど感じなかったかもしれません。

会社に入社した直後も、同じように資格試験の勉強を始める同僚を見かけますが、自分は目の前の仕事や日々を楽しむことを優先し、毎日をただ何となく過ごしていました。

しかし、そんなあなたは数年後、学生時代に資格を取得していた同級生や、会社に入ってから資格を取得した同期社員が、高収入で安定した仕事に就いていたり、自分がうらやましいと思うような仕事をしているところを見るのです。

そして後悔します。「学生時代にもっと勉強しておけばよかった」「若い頃にもっと勉強しておけばよかった」と。

本書では、私がこれまで資格試験の勉強中に試行錯誤しながら編み出した、最も効率よく勉強する方法をお伝えしてきました。

実際に、私は働きながら、1年で米国公認会計士、2年で司法試験に合格しました。難関と思われるこのような資格でさえも、要領よく勉強すれば、短期間で合格することができるのです。

今、勉強を始めないあなたは、5年後に「5年前に勉強をして資格を取っていればよかった」と悔やむでしょう。

そして、10年後も「10年前、いや5年前でもいいので勉強を始めて資格を取っていればよかった」と繰り返し悔やむことになるはずです。

本書をお読みになって、資格の重要性、勉強の重要性にあらためて気付いたなら、今すぐに勉強を始めてください。

今からでも決して遅くはありません。

2016年10月

佐藤孝幸

佐藤 孝幸（さとう・たかゆき）

弁護士・米国公認会計士・公認内部監査人（CIA）・公認金融監査人（CFSA）・公認不正検査士（CFE）。
早稲田大学政治経済学部を卒業後、外資系銀行に就職。職場における資格の強さを実感し、米国公認会計士資格の取得を目指す。働きながら勉強を開始し、わずか１年で合格した。その後、米国の大手会計事務所に就職し、渡米。帰国後を視野に入れて、米国在住のまま司法試験の受験勉強を開始。２年間の独学で、帰国後にみごと一発合格、弁護士となる。

働《はたら》く人《ひと》のための超《ちょう》速《そく》勉《べん》強《きょう》法《ほう》
時間《じかん》もお金《かね》もまったくかけずに難関試験《なんかんしけん》を突破《とっぱ》する
66の革新的《かくしんてき》テクニック

2016年11月 1 日　第1刷発行
2016年11月20日　第2刷発行

著者　佐藤孝幸《さとうたかゆき》
発行者　佐藤 靖
発行所　大和書房《だいわしょぼう》
東京都文京区関口１－33－4
電話　03－3203－4511

編集協力　柴山幸夫（クロロス）
ブックデザイン・DTP　斎藤 充（クロロス）

本文印刷　厚徳社
カバー印刷　歩プロセス
製本所　ナショナル製本

ISBN 978-4-479-79552-0

http://www.daiwashobo.co.jp/